Hartmut Bock.
Fotografie: Kai Zuber, Altmark-Zeitung

„Guten Morgen, Herr Pastor!"

Anekdoten und Dorfgeschichten aus der Altmark
und anderswo

Gehörtes, Aufgeschriebenes und Erlebtes –
zusammengetragen von **Hartmut Bock**

dr. ziethen verlag

Oschersleben

Meine Wahl

Ich liebe mir den heitern Mann
Am meisten unter meinen Gästen:
Wer sich nicht selbst zum besten haben kann,
Der ist gewiß nicht von den Besten.

Quelle: Johann Wolfgang von Goethe: Berliner Ausgabe. Poetische Werke [Band 1–16], Band 1, Berlin 1960, S. 479.

Vorbemerkungen

Wenn man in gemütlicher Runde zu Hause, bei Freunden, im Dorfkrug oder im Verein beisammensitzt, heißt es oft: „Weißt du noch, damals?“ Es werden Begebenheiten erzählt, die Anlass zum Lachen und zur Freude, aber auch zum Nachdenken sind.

Schon lange habe ich daran gedacht, solche Anekdoten und Dorfgeschichten – Erzähltes und Erlebtes – aufzuschreiben, damit andere daran eine Freude beim Lesen haben und diese Ereignisse dem Vergessen entrissen werden.

Die älteren Begebenheiten wurden mir von meinem Großvater Alfred Bock (1881–1975) erzählt, der in seiner ganzen Berufszeit als Lehrer in Hanum, dem Nachbardorf seines Geburtsortes Jübar, gewirkt hat. Viele weitere „Dönekens“ erfuhr ich von Freunden und Bekannten. Vieles habe ich aber selbst erlebt.

Alles, was hier zu lesen ist, hat einen wahren Hintergrund, Kleinigkeiten wurden von mir zur Ausschmückung des Textes hinzugefügt.

Ich habe dem Büchlein eine Gliederung gegeben, bei der zunächst Geschichten erzählt werden, die viele Jahre zurückliegen, in denen noch die altmärkische Mundart gesprochen wurde. In diesem Fall wurden von mir plattdeutsche Elemente als direkte Rede in den Text mit aufgenommen, die den Sinn der Anekdote sehr gut zum Vorschein bringen. Es folgen heitere Erinnerungen an den Jübarer Pastor Paul Hausberg, der 1945 aus Königsberg nach Jübar kam und hier viele Jahre wirkte. Danach stehen Episoden meines „Onkels“ Dr. Horst Schulz, der in seinem Wesen dem Literaturkritiker Marcel Reich-Ranicki glich und den ich hier auf keinen Fall vergessen wollte. Weitere „Dorfkrug-Geschichten“ schließen sich an. Einige Erlebnisse mit meinem Freund Peter Fischer, der immer für lustige, unvorhergesehene Bemerkungen bekannt war, sollen hier an an seinen Mutterwitz erinnern. Es folgen Erlebnisse aus dem Schulalltag. Ein weiteres Kapitel führt uns in die Zeit der Sperrzone, des Grenzgebietes der DDR zur BRD.

Auch während der vielen Ausgrabungslager der „Jungen Archäologen" kam es zu Momenten, die es Wert waren, hier aufgeschrieben zu werden.

Ein besonderes Erlebnis aus der Zeit meines Studentenlebens und ein fataler Besuch der alten Burg Regensteins bilden den Abschluss.

Zusätzlich steuerten auf meinen Wunsch hin auch einige altmärkische Freunde und Bekannte dankenswerter Weise ihre erlebten Anekdoten bei. Ein besonderer Dank gilt Frau Dr. Rosemarie Leineweber, die mir in redaktioneller Hinsicht eine große Hilfe war, sowie Herrn Dr. Harry Ziethen und den Mitarbeiterinnen seines Verlages.

Ich hoffe, dass ich mit diesen Zeilen die Leser zum Schmunzeln und Nachdenken bringen kann und danke den in dieser Publikation vorkommenden Personen dafür, dass ich ihre Geschichten in dieses Büchlein aufnehmen durfte.

Jübar, im August 2024

H. Koch

Gehörtes aus der Vergangenheit

Die „Wandschere"

Noch bis in die Zeit um 1900 herum wurden in den altmärkischen Dörfern Fachwerkhäuser errichtet.

Waren die Häuser gerichtet, mussten die Gefache mit Lehm gefüllt werden. Die Zimmerleute hatten Latten so zurechtgehauen, dass sie nach Umwickeln mit Stroh und Bestreichen mit Lehm in eine Führungsnut des Gefaches eingeschoben werden konnten. Dann erfolgte das Verfüllen mit Lehm. Diese Arbeit wurde hauptsächlich von Frauen ausgeführt. „Unter großem Gelächter und Gekreische, denn mancher Spritzer flog der Nachbarin ins Gesicht, ging das Ausfüllen der Wände vonstatten. Der Lehm wurde mit der Hand hineingeworfen."

Bei dieser Arbeit kam es zu einer lustigen Begebenheit, die mein Großvater berichtete: „Die Frauen waren gerade fertig geworden mit der Lehmarbeit an der Scheune von Kaufmann Warnecke in Jübar. Ich stand mit einigen Jungs bei der Scheune, wir hatten zugeschaut. Da sagte der Mann, der den Lehm zubereitet hatte, zu den Frauen plötzlich: 'Nanu, die Wand städ nich groa, die Lehm sitt scheif.' Und nun wurden wir fortgeschickt, vom Bauern Heymann die „Wandscher" (Wandschere) zu holen, damit man die Wand gerade richten könne. Wir gingen harmlos hin, sogar etwas stolz, mitgeholfen zu haben. Der Bauer sah uns an, auch sein Sohn war bei uns, und meinte, wir müssten etwas warten, er wolle sie aber gleich holen.

Er verschwand in einem Schuppen, kam aber nach kurzer Zeit wieder mit einem zugebundenen Sack. Den sollten wir schnell hintragen, das, was dadrinnen sei, dürfe nicht lange draußen sein. Wir schleppten den schweren, jetzt so geheimnisvollen Sack zu viert zum Bau. Dort stand die Gesellschaft, einige ernst, einige heiter kichernd. 'Na, denn moa hä!', sagte der Lehmarbeiter.

Wir setzten ab, der Sack wurde geöffnet, und was war drin? Einige Feldsteine und ein Stück Latte. 'Jei infaomt'n Krabb'n, wat bring'n jei mick hier?'

Die Frauen lachten und spotteten; ihr Zweck war erreicht. Wir liefen eilig weg und schworen uns Rache, Rache, die ja nie ausgeführt wurde."

Quelle: Alfred Bock (†), Jübar

Das erste Telefon in Hanum

Bis um die Jahrhundertwende waren nur die Postämter mit einem Telefon ausgestattet. In den kleinen Dörfern kannte man die neue Technik noch nicht. Das sollte sich aber nach und nach ändern. Das galt auch für das Dorf Hanum. Hier hatte mein Großvater Alfred Bock gerade seinen Dienst als junger Lehrer begonnen, als auch nach Hanum eine Telefonleitung von Jübar aus verlegt wurde und die dortige Post ein Telefongerät erhielt.

Zu dieser Zeit besuchte mein Großvater täglich den pensionierten Lehrer Bornhuse in seiner Wohnung, um von ihm die Nachmittagszeitung zu lesen und eine Unterhaltung zu führen. Die Zeitung erhielt er von dem alten Kollegen zum Lesen, ohne sie zu bezahlen. Er musste sehr sparsam sein, denn sein monatliches Gehalt betrug 53 Goldmark.

Bei dieser Gelegenheit kam das Gespräch einmal auf das neue Telefon. Mein Großvater sagte: „Haben Sie schon davon gehört, dass wir in Hanum in der Poststelle auch ein Telefon bekommen haben?"

„Ein Telefon, was ist denn das?"

„Mit einem Telefon kann man durch zwei Drähte mit einem Kopfhörer und einer Sprechmuschel von einem Ort zu einem anderen Ort mit jemandem sprechen."

Darauf antwortete der betagte Lehrer Bornhuse: „Mein lieber junger Freund, ich glaube, was zu glauben ist, aber das glaube ich dennoch nicht.“

Quelle: Alfred Bock (†), Jübar

Lehrer Johann Joachim Heinrich Bornhuse in Hanum um 1900, Foto B. Steinbacher, Salzwedel

Gausbock ut Raodenbeck

In den altmärkischen Dörfern war es allgemein üblich, den Familiennamen, die mehrfach im Ort vorkamen, einen Beinamen oder „Spitznamen“ zu geben. Am häufigsten traf dies bei dem Namen Schulz oder Schulze zu. So gab es in Jübar z.B. Hundertschulz, Tausendschulz, Börgerschulz, Kreuzbergschulz, Meyerschulz, Sandschulz, Schulz Stapen, Stappschulz, Schulz 78, Bäcker Schulz, Tischler Schulz, Imkerschulz u.a.

In anderen Orten wurde zwischen anderen Namen unterschieden. So lebten Anfang des 20. Jahrhunderts in Radenbeck viele Familien mit dem Namen Gose. Ein junger „Gose“ heiratete nun die Tochter aus einer Familie Bock, so dass man von der Familie Gose Bock oder auf Plattdeutsch „Gausbock“ sprach. Nach einer Unterhaltung mit einem Radenbecker nach der Grenzöffnung in den 90er Jahren konnte ich erfahren, dass der Name „Gausbock“ dort auch heute noch bekannt ist.

Wie überall in den Dörfern hatten die Bauern die Jagd gepachtet und führten jährlich eine Treibjagd durch, zu der dieser oder auch jener befreundete Jäger einlud. Zu einer solchen Jagd war der Jagdfreund Gose aus Radenbeck in Hanum eingeladen. Der Gastwirt Klähn teilte die Jäger ein und wies jedem einen Stand mit den Worten zu: „Pass gaut up! Hier kann en Foss kaom'n, en Haaos kaom'n öwer ou en Rehbock kaom'n.“ Auf einmal hielt er inne, sah den Jäger an und sagte: „Dik kenn ik jao gaornich. Wekker bist du denn?“

„Ik bin doch Gausbock ut Raodenbeck.“

Darauf der Gastwirt Klähn: „Bi uns in Haoh'n seng'n de Lüh Ganter dartau“, sprachs und ging zum nächsten Jagdgenossen. (Ganter – Gänserich)

Quelle: Alfred Bock (†), Jübar

Die unerfahrene Jungfrau Mariechen

Mariechen kam als Magd zu Bauer Helmke nach Mellin. Sie war gerade aus der Schule gekommen und sollte das Arbeiten und Leben auf dem Bauernhof kennenlernen. An schönen Sommerabenden, wenn die Arbeit erledigt war, sowie an Sonntagen trafen sich die jungen Mädchen von den Höfen auf der Dorfstraße. Man flanierte auf und ab und zeigte, was es so zu zeigen gab. Manchmal traf man ganz zufällig junge Männer, die ausgiebig begutachtet wurden. Es gab viel Gelächter.

Jung und unerfahren lauschte Mariechen den Gesprächen der anderen Mädchen, was das mit den Kerl's und der Liebe so auf sich hat. Ein Williger wurde bald gefunden, und so erfuhr Mariechen, wie das so ist, sich mit einem Kerl einzulassen. Später erzählte sie: „Es wehr unner Helmkes Schirm op de Tuffelsäck. Nur ein por mol hen und her, denn hal ick min Deel und hef nüscht von hat."

Nach neun Monaten wurde ein Knabe geboren.

Quelle: aufgeschrieben von Christel Kaufmann, Mellin

„Verflixter Haerk"

Um 1900 wurde es in der Altmark üblich, dass die Mädchen der Bauern eine Haushaltsschule besuchen sollten, um dort auch die hochdeutsche Sprache mehr und mehr zu erlernen und zu sprechen. Das sollte auch dazu beitragen, einen guten Bräutigam zu finden, der begütert war und in den Hof einheiratete oder dem jungen Mädchen eine gute Position auf dem Heiratsmarkt zu geben. Sie sollten sich auch von den Mägden des Hofes unterscheiden und ihre Bildung zeigen.

Eines Tages war Minna, die Tochter eines Großbauern, von dieser Schule zurückgekehrt. Sie war fein gekleidet, stolzierte auf dem Hof ihrer Eltern umher, sprach dabei Hochdeutsch und tat so, als ob sie die landwirtschaftlichen Geräte, mit denen sie vorher auch gearbeitet hatte, nicht kennen würde. Da gerade Erntezeit war, standen Harken und Sensen auf dem Hof bereit, um das Getreide zu mähen. Im Beisein des Hofpersonals trat sie mit dem Fuß auf die Zacken eine Harke und sagte: „Was ist denn das für ein interessantes Instrument?" Dabei schlug ihr der Harkenstiel kräftig an den Kopf. Nun fiel ihr der ursprüngliche Name im Plattdeutschen wieder ein, und sie rief: „Verflixter Haerk!"

Quelle: Dr. Henning Ungnad (†), Jübar

Ob hei en'n Spitzbaort hat?

In einem kleinen altmärkischen Dorf wohnte ein Schuhmacher, der nicht nur sein Handwerk hervorragend beherrschte, sondern auch die jungen Mädchen und Frauen im Ort sehr gern mochte. Er war stattlich gebaut und trug einen Schnurr- und Spitzbart. Seine eigene Frau war um einiges älter als er, und so versuchte er, durch sein Handwerk beim Anpassen des Schuhwerks so mancher weiblichen Person näher zu kommen, was mitunter auch gelang. Er war in der Gemeinde als „Frauenheld“ bekannt, und wenn ein Mädchen schwanger wurde und man konnte im Dorftratsch den Vater nicht erkunden, so fiel schon mal der Verdacht auf den Schuster. Hinter vorgehaltener Hand wurde dann getuschelt: „Wie mütt'n doch moal in den Kinnerwoag'n kiek'n, op de Klanken 'n Spitzbaort hat.“

Quelle: Alfred Bock (†), Jübar, Charlotte Bock (†), Jübar

Der findige Dorfschulze von Jübar

Am Ende des 19. Jahrhunderts verwaltete der Bauer Heinrich Heymann als Dorfschulze das Dorf Jübar. Sein Hof lag direkt neben der Kirche und grenzte hinten mit der Wiese an einen Weg, der in Richtung Kahnberg führte. Der Weg begann im sogenannten Bullenwinkel. Der Name kam daher, dass der Grundsitzer Bürich den Dorfbullen in Jübar hatte und alle Bauern mit ihren Kühen zur Deckung dorthin kamen. Dafür kassierte Bürich etwas Geld ein.

Am Ende des Bullenwinkels grenzte – wie beschrieben – auch die Wiese des Dorfschulzen Heymann an den Weg. Hier wuchs herrliches Gras, das er gerne abmähte, um es als Viehfutter zu verwenden.

Leider nutzten aber auch die Bauern diesen Weg zu ihren Äckern und fuhren das schöne Futter mit ihren Gespannen breit. Kraft seines Amtes als Schulze fertigte er nun ein

Schild an, das er am Ende des Bullenwinkels aufstellte, wo dieser Weg begann.

Mein Großvater berichtete mir, dass er als Kind von diesem Schild erfahren hatte, das zu allgemeiner Heiterkeit im Dorf beitrug. So konnte man folgendes darauf lesen: „Dieser Weg ist kein Weg. Wer es dennoch tut, zahlt 3 Mark Strafe. Der Schulze." Über diesen Text wurde noch manchmal in der Gaststätte gesprochen und darüber gelacht.

Quelle: Alfred Bock (†), Jübar

Heinrich Heymann, Bauer und Dorfschulze in Jübar, mit seiner Ehefrau, um 1890, Fotograf unbekannt

Amtseinführung des neuen Kantors und Lehrers in Hanum

Im Jahre 1902 wurde der alte Kantor Bornhuse in Hanum in den verdienten Ruhestand entlassen. Er entstammte einer alten Lehrerdynastie im Dorf, die bereits mehrere Lehrer und Kantoren hervorgebracht hatte. Der Kirchen- und Schulvorstand ehrte den langjährigen Kirchen- und Schuldiener mit einem schönen Ohrensessel, der ihm das Leben im Ruhestand bequemer machen sollte.

Im Oktober des gleichen Jahres begann nun der 21-jährige Lehrer und Organist Alfred Bock seinen Dienst in Hanum. Er stammte aus dem Lehrerhaus Bock in Jübar. Sein Großvater war der dortige Pfarrer Wilhelm Pahl.

Zur Amtseinführung des neuen Lehrers hatte sich der gesamte Kirchen- und Schulvorstand des Dorfes eingefunden. Der Kirchenälteste und Dorfschulze von Hanum begrüßte ehrfurchtsvoll den neuen Dorfschullehrer und Kantor und sagte zu ihm: „Herr Kanter, dat will ick dik segg'n. Ick segg tau alle Lühe 'du' im Dörp, nur tau dik un'n Pastor nich!"

Quelle: Alfred Bock (†), Jübar

Der Radiobau

Mein Großvater Alfred Bock war Teilnehmer des Ersten Weltkrieges. Noch mit 30 Jahren wurde der Familienvater als Soldat eingezogen. Den Schulunterricht in Hanum musste ein älterer Kollege übernehmen. Da er vorher noch nicht „gedient" hatte, erfolgte seine Grundausbildung und später die Ausbildung als Funker in Königswusterhausen. Er berichtete mir von einem schlimmen Drill durch seinen Unteroffizier. So wurden die Soldaten nachts mitunter geweckt und mussten in ihren Nachthemden, mit umgelegtem Koppel und Helm vor ihren Betten antreten und Meldung machen. Dann warf ein Unteroffizier Karabinermunition unter die Betten, die von den Soldaten kriechend wieder aufgesammelt werden musste. Neben dem allgemeinen Drill und solchen Schikanen mussten die zukünftigen Funker das Reiten erlernen.

Nach der Ausbildung mit dem Exerzieren folgten die Spezialausbildung in Darmstadt und der Einsatz in Belgien an der Westfront. Mein Großvater wurde während des letzten Kriegsjahres nach einem Speziallehrgang in Floreffe zum Funkoffizier ernannt und erlebte das Kriegsende in der Festung Metz. Als Funker konnte er auch das legendäre Telegramm von Lenin aufnehmen, der seinerzeit zum Friedensschluss aufrief.

Von hier aus trat er in voller Ausrüstung den Weg in die Heimat an. Zuvor hatte er sich mit einem Detektor, Spulen, Draht, einen Kopfhörer, Kondensatoren und anderen Materialien ausgestattet, um sie mit in die Heimat zu nehmen.

In der Zeit nach dem Krieg begann er sich 1924 mit dem Radiobau zu beschäftigen. Die Schule in Hanum sollte das erste Rundfunkgerät in der Gegend erhalten. Es entstanden damals die ersten Sendestationen in Königswusterhausen (verboten) und in Hamburg und anderen Städten. Zum guten Empfang spannte er sich eine Antenne vom gegenüberliegenden Bauernhof zu seinem Wohnhaus. Allein das erregte große Aufmerksamkeit in dem Dorf, denn keiner konnte sich vorstellen, warum dies geschah. Besonders war es der Dorffriseur oder „Balbutz", Werner Pasemann, der beim Rasieren und Haareschneiden seiner Kunden alle Neuigkeiten von Haus zu Haus trug, mit seinen Kunden über die anderen Dorfbewohner tratschte und über die herzog, die nicht anwesend waren.

Der Friseur ging damals im Dorf herum und versah seine Arbeit jeweils im Wohnhaus seiner Kunden. So kam er eines Tages auch zu meinem Großvater, der gerade sein kleines „Radio" – ein Detektorgerät, noch ohne Strom – in Betrieb hatte. Mit einem Kopfhörer waren Musik und Nachrichten aus Hamburg zu hören.

Als der „Balbutz" die Gerätschaften und Spulen sah, fragte er: „Alfred, watt maogst' du do? Wat is denn dat för en' Gerät?"

„Dat is en' Apparat, damit kann ik hörn, wat die Lüh' in Hamburg schnacken."

„Dat glöw ik dik nich!"

Daraufhin übergab Alfred seinem Kriegskameraden Werner den Kopfhörer, und dieser konnte sich nun selbst von der Funktion des Detektorempfängers überzeugen.

„Ja, Werner, du kanns't dik vörstell'n, wenn ik hör'n kann, wat die Lüh' in Hamburg schnack'n, dann kann ik ök ganz genau hörn, wat du täglich im Dörp herumvertellst."

Werner wurde ganz ruhig, kratzte sich seinem Spitzbart und dachte nach. Es wurde bekannt, dass es in den nächsten Wochen sehr still bei den Friseurbesuchen im Dorf wurde.

Quelle: Alfred Bock (†), Jübar

Die Audion[1]-Versuchserlaubnis

Von den Radiobauversuchen meines Großvaters hatte auch der Postinspektor von Beetzendorf „Wind bekommen". Eines Tages fuhr dieser nach Hanum, um ihn dort aufzusuchen.

Alwine Bock an einem Radio, das ihr Ehemann Alfred Bock in den 1920er Jahren in Hanum gebaut hatte, Foto Alfred Bock

In Alfred Bocks Wohnung angekommen, ließ er sich den kleinen, neu erbauten Rundfunkapparat zeigen und sagte: „Das Gerät ist beschlagnahmt!“

Während eines nun folgenden langen Gespräches ließ sich der Postbeamte überzeugen, sich den „Apparat“ erklären zu lassen und ihn einmal in Funktion näher kennenzulernen. Alle Teile hatte der Bastler selbst hergestellt und auch die notwendigen Spulen selbst gewickelt. Dann wurde das Radio in Betrieb gesetzt. Der Postdirektor setzt sich den Kopfhörer auf und horchte. Er versuchte, immer neue Sender zu finden, auch den verbotenen in Königswusterhausen. Plötzlich fragte er begeistert den Erbauer: „Können Sie mir nicht auch so ein Gerät anfertigen? Ich werde mich sofort erkundigen, wie Sie ein Patent zum Bau erhalten können.“

Gesagt, getan, es dauerte nicht lange, bis eine Nachricht aus Beetzendorf eintraf. Darin hieß es, dass mein Großvater eine Audion-Versuchserlaubnis in Magdeburg erwerben müsste, um selber Rundfunkempfänger bauen zu können. Auch der Zeitpunkt und der Ort der Prüfung in Magdeburg waren von dem Postdirektor vereinbart worden.

Mein Großvater fuhr mit der Eisenbahn von Hanum über Beetzendorf, Oebisfelde und Haldensleben nach Magdeburg und suchte dort das Büro des prüfenden Ingenieurs auf. Davor warteten bereits einige Bastler auf die bevorstehende Prüfung. Andere verließen gesenkten Hauptes oder freudig das Prüfungszimmer. Man versicherte ihm, dass die Fragen sehr schwierig seien. Als er an die Reihe kam, erhielt er von dem Ingenieur nur eine einzige Frage: „Was ist ein Kondensator und wie funktioniert er?“ Als Funkoffizier der kaiserlichen Armee war es für ihn ein leichtes, die Antwort darauf zu geben: „Es gibt Dreh- und Quetschkondensatoren …“ Nach der Beantwortung der Frage beglückwünschte der Ingenieur den Prüfling zur bestandenen Prüfung. Er bezahlte die Prüfungsgebühr und konnte nun auch für den Postdirektor einen der ersten Rundfunkempfänger in dieser Gegend bauen. Erst waren es nur röhrenlose Geräte, später kamen Röhrengeräte hinzu, und so versorgte er hier in den 1920er und 1930er Jahren viele Familien mit Radios und den dazugehörigen, separat aufgestellten Lautsprechern. Ein solches von ihm selbst angefertigtes Radiogerät stattete auch sein eigenes Wohnzimmer bis zum Tod seiner Frau und auch seinem Tod 1975 in Jübar aus. Ich habe es dem Freilichtmuseum Diesdorf übergeben.

[1] Audion=Gerätetyp aus der Pionierzeit des Radios

Quelle: Alfred Bock (†), Jübar

Das Ende der „Turnfahrt" zum Bismarckturm bei Salzwedel

So etwas hatten die Eltern der Hanumer Schüler noch nie gehört: Der junge Lehrer wollte Schulausflüge mit den Kindern unternehmen. Viel Neues kam nach 1902 in der Schule auf die Kinder zu. Es wurde ein Sportunterricht für die Jungen eingeführt, und die Mädchen erhielten Unterricht im Handarbeiten. Die Kinder erlernten im Grenzfluss Ohre das Schwimmen. 1904 entstand ein Schulgarten, im gleichen Jahr kaufte mein Großvater ein Fernrohr und konnte so am Abend mit der älteren Schuljugend den Sternenhimmel beobachten. Vor allem musste die Schule mit besserem Schulinventar ausgerüstet werden.

In Hanum gab es z.B. nur eine sehr schlecht erhaltene Landkarte von Palästina für den Religionsunterricht. Der Antrag beim Schulvorstand zum Einkauf von einigen Landkarten wurde mit der Bemerkung abgelehnt: „Dat hat vörher oek henrecht!" Damit gab sich mein Großvater nicht zufrieden und wandte sich an den Kreisschulinspektor Pastor Dienemann in Jübar. Dieser stimmte dem Kauf zu und wies den Schulvorstand an, in kürzester Frist die Karten zu erwerben. Gleich am nächsten Tag kam ein Vorstandsmitglied ins Schulhaus, um zu fragen, ob man Landkarten auch telegraphisch bestellen könne.

So musste Alfred Bock immer wieder gegen das Alte ankämpfen, um einen modernen Schulunterricht aufzubauen.

Dazu zählten auch die Fahrten in die unmittelbare und auch weitere Umgebung von Hanum. Die erste größere Fahrt würde zum Bismarckturm in der Nähe von Salzwedel gehen. Ab Diesdorf sollte die Fahrt mit der Bahn erfolgen, die die Strecke nach Salzwedel ab 1901 befuhr. Als Endbahnhof war die Haltestelle bei Tylsen vorgesehen. Alle Schüler und Schülerinnen hatten ihre Sonntagskleidung angelegt, Proviant mitgenommen und aufgeregt auf ihre teilweise erste Eisenbahnfahrt gewartet.

Schüler bleiben immer, was sie sind, und deshalb wurden auch vor über hundert Jahren Dummheiten gemacht. Das betraf die Bahnbegleiter, besonders den Schaffner. Die Bahnbeamten wurden geneckt und das Lied von der „Bimmelbahn“ gesungen, so dass das Bahnpersonal wegen des Verhaltens der Jungen und Mädchen etwas verärgert war. Als der Bahnhof Tylsen erreicht war, erinnerte der Lehrer den Schaffner noch einmal, dass die Schülergruppe mit dem Abendzug wieder in Richtung Diesdorf fahren möchte.

Nun ging es zu Fuß zum Bismarckturm, der bestiegen wurde und vor dem der Lehrer ein Erinnerungsfoto machte. Nach einem schönen Nachmittag trat man den Rückweg an. Man erreichte auch fast pünktlich die Bahnstation in Tylsen. Der Zug war schon in Sicht, die Kinder in greifbarer Nähe. Da pfiff der Schaffner und gab dem Lokomotivführer das Signal zum Abfahren. Die Kinder liefen auf den Zug zu, aber dieser entfernte sich unter dem Grinsen des Personals ohne die Kinder, die das Nachsehen hatten, in Richtung Diesdorf.

Nun war guter Rat teuer. Die Eltern mussten anspannen und ihre Kinder mit der Pferdekutsche von Tylsen abholen.

Auch meine Großmutter Alwine Nacke, die spätere Frau des Lehrers war darunter, die mir ihr Erlebnis erzählte.

Quelle: Alfred Bock (†), Alwine Bock (†), Jübar

Dietrichs Vater auf der Orgelempore

In allen Dorfkirchen der Altmark hatte jede Familie ihren festen Platz. Meistens saß der Dorfschulze mit seinem Gesinde in der ersten Sitzreihe. Ihm folgten die anderen Bauern. Wichtig war, dass bei jedem Gottesdienst die Bänke der Bauern besetzt waren. Deshalb wechselte man sich ab: Bauer und Frau, Großeltern und Knechte und Mägde des Bauern. Sie erhielten für die Kollekte einige Groschen mit, die bei den Männern oft nicht in dem Klingelbeutel landeten, sondern im Dorfkrug nach der Predigt.

Die Kossaten saßen oft zu zweit in einer Bank, und die Grundsitzer und Dorfarmen mussten sich mit drei und mehr Familien die Bänke teilen. Die Frauen nahmen meist rechts und die Männer links Platz. Oft waren und sind noch heute ihre Namen – die der Ackerleute – in das Holz der Kirchenbank geschnitzt, wie es z.B. sehr schön in Groß Bierstedt zu sehen ist. Vereinzelt nehmen die Nachkommen noch bis in

die Gegenwart diesen Platz im Gottesdienst ein. So war in der Kirche die soziale Gliederung der Dorfbevölkerung gut zu erkennen. Erst nach 1945, als viele Vertriebene, Flüchtlinge und Ausgebombte die altmärkischen Dörfer bevölkerten, änderte sich dieser festgeschriebene Brauch.

Ähnlich war das auch in der Kirche in Hanum. Hier wurde zwar das alte Gestühl bei einer Renovierung in der Mitte des 19. Jahrhunderts, bei der das Gotteshaus auch einen Turm erhielt, entfernt, aber die alte Sitzstruktur beibehalten. Die Kirche erhielt eine Orgel, die der Lehrer und Kantor bediente. Nun musste auch ein Sitzplatz für die Gattin des Kantors her. Dieser wurde direkt neben dem Altar geschaffen, so dass die „Frau Lehrer" während des Gottesdienstes alle Kirchenbesucher im Blickfeld hatte. Darauf war meine Großmutter Alwine Bock immer besonders stolz. War sie doch als „Grundsitzermädchen" zur Welt gekommen und musste deshalb mit ihren Eltern mit zwei weiteren Familien die zwei Sitzbänke teilen. Der junge Lehrer Alfred Bock hatte sie geheiratet, und damit stand ihr der „Kantorsitz" zu.

Ich kann mich genau an meine Kindheit erinnern, als ich mit meinem Großvater auf der Orgelempore saß, dass meine Großmutter immer erst das Kirchenschiff betrat und stolz an allen Bauern vorbeiging, um sich auf ihren Platz zu setzen, als die Glocken bereits aufhörten zu läuten. Sie war auffällig gekleidet, im Winter mit Silberfuchs, Hut und Handschuhen. Auch meine Mutter musste bei einem Gottesdienst in Hanum bei ihrer Schwiegermutter Platz nehmen. Sie wurde während der ganzen Feierlichkeit von allen angesehen und nahm diesen Platz nie wieder ein, wie sie mir einmal erzählte.

Nun gab es in Hanum auch eine Windmühle, die von dem Müllermeister Dietrich betrieben wurde. Sie lag außerhalb des Dorfes, und die Familie war vielleicht nicht in das Sitzsystem integriert. Jedenfalls saß Dietrichs Vater immer auf der Orgelempore, auf der auch die Konfirmanden ihren Platz hatten. Das geschah in der Zeit, als mein Großvater noch ein junger Lehrer war. Der alte Dietrich war ein Spaßvogel und immer zu lustigen Bemerkungen während des Gottesdienstes aufgelegt. Einmal stieg der würdige Pastor Dienemann wieder auf die Kanzel und begann seine Predigt mit den Worten: „Jesus ging auf den Berg Sinai …"

Plötzlich kam die Bemerkung von Dietrich: „Dunnerwetter, wat will hei denn doa?"

„… und rief den Herrn an."

„Hall hei denn en'n Telefon bi sick?"

Nun konnte sich die Jugend nicht mehr beherrschen, und es gab ein Lachen und Kichern auf der Orgelempore, das auch mein Großvater nicht unterbinden konnte. Da dies nicht das erste Mal geschah, wurde der arme Müllermeister für die zukünftigen Gottesdienste nach unten in das Kirchenschiff verbannt.

Quelle: Alfred Bock (†), Charlotte Bock (†)

Der Kirchenschlaf von Jennrichs Mutter

Um 1900 wohnte Jennrichs Mutter in einem kleinem „Tagelöhnerhaus" am unteren Dorfteich in Jübar. Das kleine Fachwerkhäuschen war mit Stroh gedeckt und hatte im Winter auch Strohrollen vor den Fenstern als Schutz vor der Kälte. In diesem Häuschen lebe Jennrichs Mutter bis zur ihrem Tod.

Im Sommer saß sie vor ihrer Haustür und rauchte eine halblange Pfeife. Ihr schmeckten die hochprozentigen Getränke gut, so dass sie ab und zu davon auch einmal etwas zu viel genoss. Da es in der „Kaiserzeit" nicht üblich war, dass Frauen den Dorfkrug besuchten, wurde zu Hause mit Freunden angestoßen, so dass oft die Gläser erklangen.

Jennrichs Mutter war eine fromme Frau und ging regelmäßig sonntags in den Gottesdienst. Einmal hatte sie am Tag zuvor zu viel getrunken. Als der Pastor auf die Kanzel stieg und mit seiner Predigt begann, wurde sie bei seinen gleichtönigen und beruhigenden Worten müde. Sie schlief ein.

Inzwischen war der Gottesdienst beendet, und bei den letzten Orgelklängen ging ein Kirchenältester mit dem Klingelbeutel durch das Kirchenschiff. Er hatte an einer Stange einen kleinen Samtbeutel hängen, an dessen Zipfel ein kleines Glöckchen angebracht war. Der Kirchenälteste erreichte mit dem „Klingelbeutel" Jennrichs Mutter, und da sie noch schlief, ließ er das Glöckchen vor ihrem Gesicht läuten. Die arme Frau erwachte aus ihrem Schlummer, und da sie das

Klingeln des Glöckchens an das Klingen der Schnapsgläser erinnerte, sagte sie: „Ick hef nauch. Ik moak ken'n Dropp'n mehr."

Schnell machte diese Episode die Runde im Dorf, und manch einer schmunzelte noch lange über den Kirchenschlaf von Jennrichs Mutter.

Quelle: Alfred Bock (†), Jübar

„Guten Morgen, Herr Pastor!"

Viele Geschichten und Anekdoten erfuhr ich von meinem Großvater, aber über einen Schülerstreich, der den Jungs an der Dorfschule in Hanum gut gelungen war, der aber für sie böse Folgen hatte, erzählte er mir nichts. Erst als mich einmal der Schulfreund meines Onkels, Hermann Meyer aus Hanum, der später in Wulkau lebte, besuchte, erfuhr ich davon. Nun möchte ich ihn hier weitererzählen.

Mein Großvater war ein sehr guter Lehrer, aber er war auch nicht abgeneigt, gut zu feiern, wenn sich ein Anlass im Dorf bot. Besonders gerne spielte er Skat, und das konnte bis in die frühen Morgenstunden hineingehen. Dabei wurden natürlich auch einige Biere und diverse Schnäpse getrunken. Das hatte manchmal zur Folge, dass der Lehrer des Morgens, wenn die Schüler schon längst um das Schulhaus tobten, nicht zu sehen war.

Das wiederum ärgerte einige Bauern, die dem jungen Lehrer, der allerhand Neues einrühren wollte, nicht gut waren. Er hatte neben dem altehrwürdigen Kriegerverein einen Gesangverein gegründet, in dem nur ein Bauernjunge mitsang. Die übrigen Bauern waren der Meinung: „Wei stell'n uns doch nich up de Bühne hen un'n sing'n uns Lüh wat vör!" So kam es, dass dem Schulinspektor Pastor Dienemann zugetragen wurde, was sich so nach Feierlichkeiten im Ort zutragen könnte und dass dagegen etwas unternommen werden müsse.

Es wurde beschlossen, den Pfarrer zu benachrichtigen, wenn wieder ein Fest zu erwarten war, um am nächsten Morgen zur Inspektion in der Schule in Hanum zu erscheinen.

Bald war es auch so weit. Pastor Dienemann erschien Punkt acht Uhr vor der Schule und staunte nicht schlecht, dass alle Kinder noch auf der Straße herumliefen. Sofort schickte er sie in die Schulklasse, über der das Schlafzimmer des Junggesellen war, der dort noch ahnungslos schlief. Dann schallte: „Guten Morgen, Kinder!!“ und „Guten Morgen, Herr Pastor!“ durch den Klassenraum, und in wenigen Minuten war auch der Lehrer dort. Beide verließen den Ort und begaben sich in die Wohnung des Lehrers. Was dort geschah, wusste Hermann Meyer auch nicht. Anschließend begann die Schulstunde.

Nun ging das eine Zeitlang gut, bis der Lehrer wieder einmal verschlafen hatte. Das nutzten die ältesten Jungs: „Wie spöl'n hüt maol Herr Pastor. Maokt, dat jei all in de Klass rin-

Pastor und Kreisschulinspektor Paul Dienemann aus Jübar um 1900, Fotograf unbekannt

kaom'n. Steat jück hen!" Einer von ihnen trat nun vor die Klasse und rief: „Guten Morgen, Kinder!", und alle schrien im Chor: „Guten Morgen, Herr Pastor!" Nach wenigen Minuten betrat der Lehrer die Klasse – aber es war kein Pastor da.

Den Erfolg ihres Streiches konnten die Übertäter jetzt nicht feiern. Alle Verdächtigen mussten am Lehrertisch antreten und den Rohrstock auf ihrem Hintern erdulden.

Quelle: Hermann Meyer (†), Wulkau

Meyers Mutter in Geldnot

Als mein Großvater als junger Lehrer seinen Dienst in Hanum begann, fiel im auf, dass in allen acht Jahrgangsstufen eine oder ein „Meyer" vertreten war, die alle die gleichen Eltern hatten. Als er einmal mit der Mutter der Kinder ins Gespräch kam, fragte er sie: „Frau Meyer, wieviel Kinder haben Sie denn?" Darauf kam die Antwort: „Ach, Herr Kanter, ik hef achtein hat, twe sind storb'n, nu sind dat noch söstein Kinners."

Die Familie Meyer war Kirchengrundsitzer. Im 18. Jahrhundert wurden ihre Vorfahren auf Weisung der Beamten des preußischen Königs Friedrich des Großen in Hanum angesiedelt. Als sie ihr Haus im Dorf errichten wollten, kamen die Bauern mit Knüppeln und Sensen, um dies zu verhindern, und so erhielten sie vom Kirchenacker die Baugrundstücke und auch etwas Ackerland. Dadurch wohnten sie mit der zweiten dort angesiedelten Familie – heute Otte – außerhalb des Dorfes. Sie erhielten einen später ausseparierten Steig, den „Kirchensteig oder Achtersteig", auf dem sie auf kürzeste Weise zur Kirche im Dorf gelangen konnten. Diesen Steg gibt es heute noch.

Die Familie Meyer war durch die vielen Kinder und die wenigen Einkünfte immer in Geldnot. Um ihre Kasse etwas aufzubessern, hatte Meyers Mutter das Amt der Totenwäscherin im Dorf übernommen. Es war zu dieser Zeit bis um 1960 in den Dörfern üblich, dass die Toten in den Wohnhäusern, meisten auf dem Flur oder in der „guten Stube", aufgebahrt wurden. Trat der Tod ein, wurde sofort, ganz egal zu welcher Uhrzeit, die Totenwäscherin gerufen, die den Toten wusch, anzog und auf ein Leinenlaken bettete. Besonders im Sommer wurden von ihr bei täglichem Besuch ein frischer Essiglappen und Brennesseln auf das Gesicht gelegt. Sie lud die Beerdigungsgäste ein, suchte den Platz auf dem Friedhof aus und bestellte die Nachbarn zum Grabausheben und zum Tragen der Leiche. Auch war sie beim Einsargen dabei, wenn der Dorftischler den Sarg brachte.

Die Bauern hatten oft für ihre Altenteiler die Särge bereits gekauft und auf den Hausböden stehen. Am Tag der Beerdigung wurden von der Totenfrau der offene Sarg geschmückt und ein Kruzifix und zwei Leuchter aufgestellt, so dass die Angehörigen und Trauergäste von dem Toten Abschied nehmen konnten. Von ihr wurden auch die mitgebrachten Kränze entgegengenommen und später mit auf den Leichenwagen über den Sarg gelegt, wenn der Tote seine letzte Fahrt antrat. Für all diese Arbeiten erhielt sie damals 20 Mark.

Eines Tages traf sich Meyers Mutter mit ihrer Nachbarin Mutter Gransen vor deren Haustür. Im Gespräch klagte sie wieder über ihre Geldnot: „Ne, dat Geat is doch enmaol tau knapp. Der Hoff gift nich völ her. De Ernte is noch nich doa, un dat Schlimmste is: Sterben dat ok keiner."

Quelle: Giesela Darges (†), Hanum

„Wang'ntän treck'n laot'n"

Mit 14 Jahren begann für die Jungen und Mädchen das Berufsleben in den altmärkischen Dörfern. Sie nahmen eine Stellung an als Kleinknecht oder Kleinmagd. Die Jugendlichen selbst hatten beim „Verdingen" kein Mitspracherecht. Das handelten die Eltern, meistens der Vater, mit dem Bauern aus, zu dem ihr Kind „in Stellung" gehen sollte. Als Lohn gab es Naturalien – Kleidung Leinenzeug – sowie einen Jahreslohn. War man sich einig, gab es einen „Mietstaler" (drei Mark) und einen „Handschlag"; damit war die Absprache für beide Teile abgemacht und rechtskräftig.

Um 1900 begann nach der Schulentlassung zu Ostern der Ernst des Lebens. Die Kinder nahmen die unterste Stufe der Hierarchie im Dienstpersonal ein. Sie wurden Kleinknecht und Kleinmagd. Sie hatten der Anordnung der Großknechte und Großmägde Folge zu leisten und sich den Anweisungen des Bauern und der Bäuerin zu fügen. Die Mädchen schliefen mit den anderen Mägden in der Mägdekammer auf dem Hausboden, und die Jungen teilten sich mit den Knechten einen Verschlag im Pferdestall. Wenn der Großknecht am Abend um 10 Uhr mit seiner Peitsche auf der Straße knallte, hatten die Jungs im Bett zu liegen – ansonsten gab es Hiebe. Am Morgen sehr früh begann die Arbeit. Trotz Strenge war das Verhältnis der Bauern zu ihrem Dienstpersonal familiär. Alle arbeiteten zusammen und nahmen gemeinsam mit der Familie das Essen ein. Nur bei einigen größeren Bauern war das nicht der Fall.

Aus Hanum habe ich erfahren, dass dort – wie wahrscheinlich überall – die Bauern versuchten, sich die jungen Mägde für einen „schönen Moment" zu haschen. Die meisten Ehen waren keine Liebesheiraten, sondern durch den Geldbeutel der Braut oder des Bräutigams durch die Eltern bestimmt. So kam es dann vor, dass die Magd schwanger wurde, was natürlich geheimgehalten und vertuscht werden sollte. Die Bauern fuhren mit ihrer Magd zum Abtreiben nach Magdeburg oder Hannover, wo es oft Pfuscher waren, die diese Arbeit gegen entsprechendes Geld verrichteten.

Oft konnten die Mädchen, wenn sie später heirateten, keine Kinder mehr bekommen. Obwohl man versuchte, diese heikle Sache geheimzuhalten, drang doch immer etwas im Dorf durch, und es wurde getuschelt: „Wo is hei denn mit sein'n Maogd henswest?“

„Die sind nao Magdeburg feuert, den Wangentän trecken laot'n.“

Nun machte die Neuigkeit im Dorf die Runde.

Quelle: Hermann Meyer (†), Wulkau

„Hier hem'm wei den Öbeltäter"

In Stöckheim lebte Lori Brennahl. Sie war als junges Mädchen bei „Dr. Vadder“ – Sanitätsrat Dr. Georg Schulz – in Diesdorf angestellt. Sie half im Haushalt und war gleichzeitig als Sprechstundenhilfe und „Krankenschwester“ tätig. Musste „Dr. Vadder“ zu einem Hausbesuch, so fuhr sie sein Auto. Der Landarzt war weit und breit bekannt, geachtet und beliebt. Er betreute eine große Anzahl an Patienten, mit denen er in plattdeutscher Mundart sprach, denn er war ein Altmärker, der in Leetze zur Welt kam. Die älteren Leute redeten ihn mit „du“ und „Dr. Vadder“ an und wurden von ihm auch vertrauensvoll behandelt. Ich selbst habe ihn noch als Kind kennengelernt, wenn er mit seiner umgehängten Pellerine zum Krankenbesuch kam. Außerdem hatte er mich bei meiner Geburt mit zur Welt gebracht.

Als ich in Stöckheim als Lehrer arbeitete, kam ich des öfteren mit Lori Brennahl ins Gespräch, die mir von ihrer Zeit in Diesdorf erzählte. Dabei erfuhr ich von folgender Begebenheit: Eines Tages kam ein ältere Bauer in die Sprechstunde des Arztes. Als er nach seiner Krankheit befragt wurde, sagte er: „Mik dat dat in min'n Noars emal tau weh.“

„Denn treck dik de Büchsen maol runner, wie woll'n maol naokik'n, woher dat kümmt.“

Gesagt, getan, die Untersuchung begann, und der Doktor konnte keine Ursache für einen Schmerz ermitteln. „Treck dik die Büchsen wädder an. Du bist gesund!"

Zufrieden verließ der Bauer das Sprechzimmer. Es dauerte aber nicht lange, so erschien „Schut'n Papa" wieder in Diesdorf. Es begann die gleiche Prozession, aber „Dr. Vadder" hatte zur Behandlung etwas vorbereitet. Er nahm zwei Pinzetten zur Hand, nahm aus einem Glas mit Formalin einen Knorpel, den er einem Patienten herausoperiert hatte. Er kniff den Bauern mit der einen Pinzette in den Hintern und zeigte die andere Pinzette vor mit den Worten: „Hier hem'm wie den Öbeltäter!"

„Schut'n Papa" war zufrieden und wurde aus der Arztpraxis als geheilt entlassen.

Quelle: Lori Brennahl (†), Stöckheim

Die Bienenfütterung

Fritz Dierks war in Jübar „Dorfbalbutz", also Frisör, und besaß einen kleinen Laden, den er in den 1920er Jahren eingerichtet hatte. Hier traf sich Jung und Alt zum Rasieren und Haareschneiden und um Neuigkeiten auszutauschen. Wir Kinder mussten warten, bis die Erwachsenen rasiert und frisiert waren. Oft war der Laden so voll, dass man glaubte, nicht so schnell an die Reihe zu kommen. Aber die meisten Männer waren bereits fertig und blieben nur noch zum Erzählen dort.

Als junger Mann hatte Fritz Dierks durch einen Verkehrsunfall mit dem Motorrad ein Bein verloren, konnte aber durch eine Prothese sein Handwerk weiter ausführen. Nach dem Zweiten Weltkrieg arbeitete ein zweiter Friseur in seinem Laden, Kurt Radebach, der später das Geschäft übernahm und es bis zu seinem Tode weiterführte – in der alten Einrichtung mit Kanonenofen für das Rasierwasser und die Wärme im Winter.

Fritz Dierks besaß wie alle im Dorf einen Garten, den seine Frau bewirtschaftete, und darin stand ein Bienenhaus. Er hatte sowohl Bienenkörbe als auch Kästen, die ihm reichlich Honig lieferten. Im Herbst füttern nun die Imker ihre Bienen mit Zuckerwasser als Nahrung für den Winter ein. So war einmal der Bahnhofswirt Reinhard König aus Hanum, der ein Witzbold war, im Friseursalon, und auch der kleine Sohn des Inhabers, Fritz, war beim Papa. Reinhard König fragte seinen Imkerkollegen: „Fritz, nu wärd' doch Tied, de Immen tau futtern. Ick heff damit all anfung'n. Hast du oek all futtert?"

„Ne, doamit loat ik mik noch Tied."

„Ick kann dik seg'n, mien Immen sind all so groet as klane Kanikkan."

Da musste nun aber der kleine Fritz eingreifen: „Siehst du, Papa, unsere Bienen sind immer noch so klein. Du musst sie auch füttern."

Quelle: Alfred Bock (†), Jübar

Abrechnung

Im Dorf war der alte Bauer Schulz verstorben; er wurde auf dem dortigen Friedhof beigesetzt, und viele Menschen folgten dem Sarg. Nur sein bester Freund und Nachbar fehlte. Darüber wunderten sich viele Leute. Und so wurde er auch angesprochen und gefragt: „Fritz, warum warst du nicht zur Beerdigung deines besten Freundes und Nachbarn? Wir können das alle nicht verstehen."

Darauf antwortete er kurz und knapp: „Datt kann ick dik segg'n. Hei kümmt bie mik ja auch nich mehr."

Quelle: Dr. Henning Ungnad (†), Jübar

Die wohlfeile Ackerpacht

Nach dem Ersten Weltkrieg kam es zu einer Inflation in Deutschland, die alle Menschen um ihr Erspartes brachte.

Es kamen immer mehr Geldscheine und höhere Werte in den Umlauf. Im Dezember 1923 wurden Billiardenscheine gedruckt; der Hundertbilliardenschein war der höchste in der Inflationszeit. Mit ihm endete die Geldentwertung. Die Billiarden-Banknoten konnten im Wert von einer Billiarde zu einer Mark umgetauscht werden. Damit gab es wieder eine stabile deutsche Mark.

Mein Großvater kaufte in dieser Zeit ein Motorrad in Magdeburg. Mit zwei Taschen voller Geldscheine reiste er mit seinem Schwager dorthin, um das Fahrzeug zu bezahlen und es mit nach Hause zu nehmen. Der Preis war 23 Milliarden Mark.

In dieser Zeit gehörte zur Schulstelle auch ein Schulacker, den der Lehrer persönlich nutzen konnte oder zur Verpachtung vergeben durfte. Einen Teil der Ackerfläche hatte er an die Familie Bornhuse in Hanum vergeben. Der Grundsitzer zahlte jährlich hundert Mark an den Lehrer. Die Pacht musste immer zum Jahresende entrichtet werden, so auch 1923. Zu diesem Zeitpunkt kam Bornhusens Mutter mit umgebundener Schürze zum Schulhaus zu meinem Großvater. Sie hatte in der Schürzentasche ein Ei und sagte zu ihm: „Her Kanter, ick will man dei Pacht betoahl'n. Dat Ei kostet doch jetzt hundert Mark, und dat will ich doch damit daun."

Mein Großvater machte ein erstauntes Gesicht, amüsierte sich darüber und nahm das Ei als Pacht an.

Quelle: Alfred Bock (†), Jübar

Das kluge Lottchen

Während einer der vielen Gespräche, die ich mit meiner Mutter führte, erzählte sie mir von ihrem Schulanfang in Berlin. Obwohl in Nakel (Oberschlesien) geboren, war sie quasi eine echte Berliner Pflanze, immer fröhlich, gut gelaunt und allem Neuen aufgeschlossen, so auch in der Schule.

In einer der ersten Unterrichtsstunden erläuterte die Lehrerin den Kindern das Schreiben und Lesen. Sie wollte ihnen beibringen, wie man ein kleines „L“ zu schreiben hat. „Wie die Grashalme auf der Wiese, so müsst ihr einen Strich genau neben den anderen machen, ganz gleichmäßig, so wie das Gras wächst.“ Meiner Mutter malte aber die l-Striche kreuz und quer durcheinander. Die Lehrerin wurde nun darauf aufmerksam: „Was machst denn du da? Du sollst es wie Gras zeichnen, einen Grashalm neben dem anderen.“

„Das mach ich doch“ sagte Lottchen. „Da hat nur der Wind durchgeweht“.

Quelle: Charlotte Bock (†), Lüdelsen

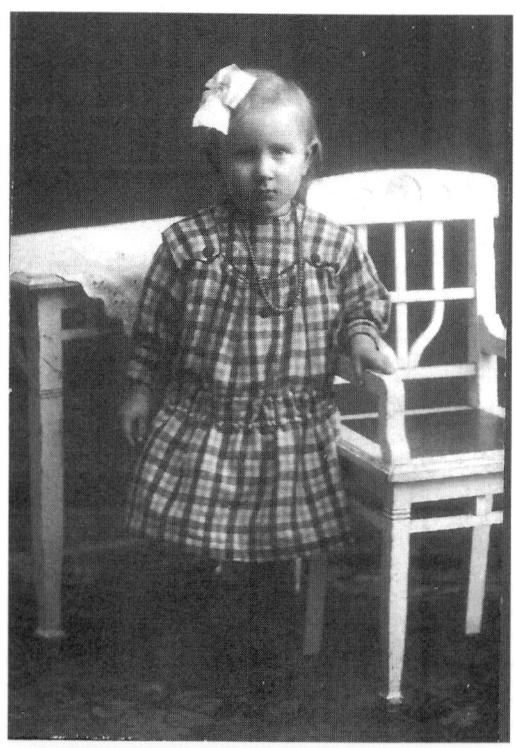

Charlotte Bock, geborene Bleich (1916-2018), als Kind, Fotograf Alfred Bartsch, Nakel (Netze)

Geschichten um Pastoren

Der neue Pastor Paul Hausberg

Nach dem Zweiten Weltkrieg erhielt die Parochie Jübar einen neuen Pfarrer. Der vorhergehende Pastor, der mich getauft hatte, hatte sich am Kriegsende noch freiwillig zum Volkssturm gemeldet, um das Vaterland zu retten. Dieser Pastor Heinrich Bansi war ein guter Mensch, der sein Letztes hergab, um anderen zu helfen, aber auch ein großer Nationalsozialist. Bereits im Ersten Weltkrieg war er verschüttet gewesen und daher nicht mehr gesund, von dem Einsatz im Volkssturm kehrte er nicht mehr zurück. Die Stelle war vakant.

1945 kam Paul Hausberg mit seiner Frau und drei kleinen Kindern als Pfarrer nach Jübar. Seine Heimat war Ostpreußen, aus der er vertrieben wurde. In Königsberg hatte er an der Universität studiert und wurde dort auch ordiniert. Nun begann er in der Altmark sein neues Amt. Da das Gehalt der Pfarrer in der sowjetischen Besatzungszone bzw. der späteren DDR sehr gering war, betrieb er eine kleine Landwirtschaft mit dem wenigen Kirchenacker hinter der Pfarre. Er hielt sich Schafe, ein Schwein, Enten, Gänse, Hühner und Karnickel, und es wird erzählt, dass die dreckigen Stiefel manchmal unter seinem Talar herausschauten, besonders, wenn er einen Termin wie eine Taufe vergessen hatte.

Bei ihm wurde ich konfirmiert – ein Jahr nach der Jugendweihe, an der fast alle Schüler teilnahmen. Während des Konfirmandenunterrichts wurden so manche Streiche verübt, wie es unter der Schuljugend immer vorkommen wird. Ich kann mich genau noch daran erinnern, als einmal mein Mitkonfirmand Karl-Heinz Kaduk fragte: „Herr Hausberg, warum konnte die Jungfrau Maria ein Kind kriegen?“ Die Antwort war: „Raus, du frecher Knabe, du brauchst nicht wiederzukommen!“ Ob Karl-Heinz dennoch konfirmiert wurde, weiß ich heute nicht mehr.

Jede Unterrichtsstunde schloss mit einem Gebet. „Lasst uns die Augen schließen und beten“, sagte er, schloss aber selbst nur ein Auge und passte genau auf, wer diese Anweisung missachtete. Dann gab es mitten im Gebet eine Ermahnung.

Die Kinder in den Filialdörfern wurden dort zum Konfirmandenunterricht von ihm aufgesucht. So auch in Lüdelsen. An einem dunklen Wintertag begab sich Pastor Hausberg nach getaner Arbeit mit dem Fahrrad auf den Rückweg nach Jübar. Plötzlich hörte er von allen Seiten her die Rufe: „Pauel ...“, „Pauel ...“, „Pauel ...“, „Pauel ...“, „Pauel ...“. Unser Gottesmann stieg vom Fahrrad und rief in den Abend hinein: „Ihr bösen Buben wagt es, mich im Schutze der Dunkelheit zu necken! Ihr solltet euch schämen!“, setzte sich wieder auf sein Fahrrad und fuhr dem Dorfausgang entgegen.

Quelle: Hartmut Bock, Rolf Elfert (†), Jübar

„Denn müüt ik woll Sei seng'n"

Es war die Zeit unmittelbar nach dem Weltkrieg. Ausgebombte und Vertriebene füllten die altmärkischen Dörfer, und die Lebensmittel waren knapp. Jeder versuchte, in einem Garten möglichst viel zu ernten, und auch das Obst war sehr gefragt. Die meisten hatten Äpfel-, Birnen-, Pflaumen- und Kirschbäume in ihren Gärten stehen, und wenn nicht, so konnte man die überall an den Straßen und Chausseen angepflanzten Bäume pachten und das Obst ernten. Das taten nicht nur die neuen Einwohner unserer Dörfer, sondern auch solche, die kaum Obst zu Hause ernten konnten, denn im Laden gab es die Früchte nicht zu erwerben.

Zu den Pächtern der Chausseebäume gehörte auch Fritz Petzmann aus Jübar. Er hatte an der Hanumer Chaussee einen Apfelbaum mit reichlich Früchten gepachtet und wollte diese ernten. So zog er mit Handwagen, einem Korb, einem Haken zum Anhängen des Korbes und einer Stakelstange zum Abschlagen der nicht zu erreichenden Früchte zum Apfelbaum. Dort angekommen, musste er feststellen, dass er allein nicht auf den Baum hinaufgelangen konnte. Eine Leiter hatte er nicht mitgenommen. Plötzlich sah er von Weitem einen Fahrradfahrer ankommen. Diesen winkte er, der Mann hielt an, und Fritz Petzmann sagte: „Gaud'n Dag, kanns'te mik denn moal heap'n, up den Applboem ruptaukao'm und mik dorfu 'n Stoakastang rupgeben?"

Der andere antwortete darauf: „Guten Tag, ich kann Sie nicht verstehen."

„Wekker bist du denn, ik hef dik hier noch nich seih'n."

„Ich bin Paul Hausberg, der neue Pastor von Jübar."

„Na, wenn dat so is, denn mütt ik woll tau dik Sei seng'n."

Trotz aller Verständigungsschwierigkeiten half der neue Pastor dem Apfelpflücker, auf den Baum zu kommen und fuhr davon. Am nächsten Sonnabend erzählte Petzmann sein Erlebnis beim Dorffriseur Fritz Dierks. Das rief natürlich Lachen und Schmunzeln hervor, und bald wusste im Dorf jeder, dass im Pfarrhaus ein neuer Pastor wohnte.

Quelle: Kurt Radebach (†), Hanum

Der kluge Förster

In den fünfziger Jahren wohnte der Förster Fischer im Forsthaus in Lüdelsen. Er war überall bekannt und geachtet. Er verwaltete den Holzeinschlag und die Aufforstung in den großen Waldrevieren im Wismar und verfügte über den Holzeinschlag der Waldbesitzer, die in dieser Zeit besonders viel Brennholz benötigten, denn die zur Verfügung stehende Rohbraunkohle, die zum Heizen angeliefert wurde, war sehr schlecht, und die minderwertigen Briketts aus Braunkohle gab es ebenfalls nur auf Zuteilung und „Kohlekarte".

Da war es oft der Fall, dass Holz auch ohne Zustimmung der Försterei heimlich gefällt und abtransportiert wurde.

Fischer und seine Familie waren gläubige Christen der evangelischen Kirche, doch den Förster selbst sah man nicht am Sonntag im Lüdelsener Gotteshaus. Das fiel auch dem neuen Pastor Paul Hausberg auf. Eines Tages traf er zufällig den Forstmann, und es kam zu folgendem Gespräch: „Mein lieber Herr Fischer, leider sehe ich Sie des Sonntags gar nicht mehr in meinem Gottesdienste. Sie waren doch sonst ein eifriger Kirchgänger. Haben Sie einen Grund dafür?"

„Ja, Herr Paster, dat will ik Sei seg'n. In düsse Tied kümmt mik im Busch ümmer mehr Holt weg. Un' wenn die Lüh wett'n, dat ik sönndachs vörmittags in dei Kirch sitten dau, klaun diei mik noch mehr Holt, as dat jetzt groad de Fall is. Dat mütten Sei doch verstaohn."

Quelle: Dr. Henning Ungnad (†), Jübar

Die Rundfunkpredigt

Der alte Schwerin war immer ein guter Kirchgänger gewesen. Doch jetzt im Alter fiel es ihm sehr schwer, den weiten Weg vom Unterdorf zur Kirche zu gehen.

Eines Tages besuchte ihn der Ortspfarrer Paul Hausberg, um sich nach seinem fleißigen Kirchgänger zu erkundigen. Nach einigen Begrüßungsworten sagte der Pastor zu seinem angeblich untreuen Kirchenglied: „Mein lieber Herr Schwerin, ich sehe Sie des Sonntags nicht mehr in meinem Gotteshause. Sie waren doch sonst immer ein Besucher meiner Predigten. Wie soll ich das verstehen?"

Fritz Schwerin war sehr verlegen, und entschuldigend entgegnete er seinem Seelsorger: „Ja, Herr Paster, mik fällt dat immer schwoarer, den langen Wegg nao Kirch tau gaohn. Oewer dat kann'ick Sei senng'n, ick hör mik jed'n Sönndag vörmittags die Predigt im Rundfunk an."

Darauf entgegnete Pastor Hausberg: „Nun, mein lieber Herr Schwerin , dann lassen Sie sich auch einmal später vom Rundfunk beerdigen."

Quelle: Walter Friedrichs (†), Jübar

BSG „Traktor" Jübar / Bornsen mit Hartmut Förster (ganz rechts hinten stehend) um 1970, Fotograf unbekannt

Der 12. Mann

Im November 1967 wurde ich als Pfarrer für den Pfarrbereich Jübar eingesetzt. Am Totensonntag hatte ich meinen ersten Gottesdienst in Hanum. In der Predigt sprach ich auch darüber, dass Jesus wie ein Trainer sei. Im Gottesdienst war der Kirchenälteste Willi Schulze, der früher auch Fußballspieler von „Adler" Hanum war. Nach dem Gottesdienst rief er seinen Halbbruder Otto Teickner in Jübar an. Dieser war Vorsitzender des Fußballvereins BSG (Betriebssportgemeinschaft) „Traktor" Jübar / Bornsen. Die 1. Mannschaft stand auf einem Abstiegsplatz. Es fehlte ein guter Spieler. Willi Schulze bat Otto Teickner, den neuen Pastor doch mal zu fragen, ob er Fußballspielen könne.

So kam es am Montag nach dem Totensonntag zu einem Gespräch. Auf die Frage, ob ich Fußballspielen könne, konnte ich nur sagen, dass ich seit meinem siebten Lebensjahr in verschiedenen Mannschaften gespielt hatte. Ohne mir Gedanken zu machen, was es bedeuten könnte, wenn ich ein fußballspielender Pastor sein würde, habe ich zugestimmt. Im Testspiel wurde ich für gut befunden. In der 2. Halbserie verlor Jübar/Bornsen kein Spiel. Endergebnis: Jübar/Bornsen stieg nicht ab. Doch hinter vorgehaltener Hand „munkelte" man, dass die Mannschaft wohl doch absteigen würde. Grund: Wenn ein Pastor mitspielt, spielt auch der liebe Gott mit. Mit zwölf Mann zu spielen, ist aber verboten. Eine Klärung gab es nicht, denn Jübar/Bornsen spielte weiterhin in der Bezirksklasse, Staffel eins.

Quelle: aufgeschrieben von Hartmut Förster, Lüdelsen

Wasserwaage Spezial

Vom Kirchendach in Jübar waren beim letzten Sturm einige Dachsteine heruntergefallen. Nachbar Walter Peters sagte, dass ich Paul Mager und seinen Hilfsarbeiter Alfons Blase fragen solle. Die sagten auch zu, in einer Stunde zu kommen. Inzwischen stellte ich eine große Leiter an die Dachkante. Als Paul Mager in die Handwerkstasche schaute, stellte er fest, dass keine Wasserwaage darin war. Also ging ich zum Nachbarn und holte eine. Doch Paul Mager meinte, dass das nicht die richtige Wasserwaage sei. Ich solle mal zur PGH (Produktionsgenossenschaft des Handwerks) „Hoch- und Tiefbau" gehen, dort hätte man das richtige Werkzeug.

Ich fuhr also mit dem Fahrrad zur PGH. Dort lachte man herzlich und sagte mir, dass ich im Konsum eine Flasche Kräuterlikör kaufen solle. Das tat ich auch. Als Paul Mager die Flasche sah, meinte er freudig strahlend, dass das die richtige Wasserwaage sei. Nun könne die Arbeit beginnen.

Quelle: aufgeschrieben von Hartmut Förster, Lüdelsen

Auf dem Sprung

Es war eine verregnete altmärkische Sommerperiode. Auch bei diesem Schmuddelwetter hatte die damals nahe Osterburg amtierende Pastorin – sie ist heute bereits im Ruhestand – eine Beerdigung abzuhalten. Die Zeremonie am offenen Grab war noch im Gange, als der durchweichte Erdaushub und damit die Bohle, auf der sie stand, in Richtung Grube zu rutschen begann. Sie raffte geistesgegenwärtig ihren Talar und rettete sich mit einem beherzten Sprung auf die gegenüberliegende Seite des Grabes. So weit, so gut.

Beim anschließenden Leichenschmaus kam eine betagte Dorfbewohnerin auf sie zu: „Ach, Frau Paster, wenn ich tot bin, wünsch ich mir, dass Sie bei meiner Beerdigung auch so schön über mein Grab springen, das war so feierlich!"

Quelle: aufgeschrieben von Dr. Rosemarie Leineweber, Salzwedel

Ermahnung im Gotteshaus in Groß Börnecke

Mein Nachbar und Freund Horst Fischer erzählte mir einst ein Erlebnis aus seiner Kindheit. Er war 1955 sechs Jahre alt und nahm an der Taufe seiner Schwester teil. Der Pfarrer von Groß Börnecke Emil Staschedt war ein großgewachsener Mann mit birnenförmigem Kopf und Glatze.

Alle Taufgäste, die Paten und auch Kinder nahmen in der Kirche Platz. Dann betrat der Pfarrer das Gotteshaus, die Orgel erklang, und der Taufgottesdienst sollte beginnen.

Der Pfarrer schaute zu den Taufgästen und sah, dass die Männer ihre Kopfbedeckung abgenommen hatten, aber die Jungs, die dort waren, so auch Horst Fischer, ihre Mützen aufbehielten. Da wandte er sich, bevor die Taufhandlung begann, an die Gäste und sagte laut: „Alle Anwesenden männlichen Geschlechts haben im Gotteshaus das Haupt zu entblößen." Die Ermahnung blieb jedoch bei den Kindern unbeachtet, da sie deren Sinn gar nicht erkannten.

Daraufhin rief er mit markanter Stimme in die Kirche: „Jungs, Mütze ab!" Mit einem Ruck wurden die Mützen vom Kopf gezogen. Der Pfarrer war zufrieden, und die Taufe konnte beginnen.

Quelle: Horst Fischer, Jübar

Pfarrer Paul Hausberg, im Talar rechts neben dem Bischof stehend, mit Vertretern der Kirchengemeinde Lüdelsen Mitte der 1960er Jahre, Fotograf unbekannt

Mein Onkel Dr. Horst Schulz

„Hei is doch Lehrer"

Mein Onkel Horst, eigentlich Dr. phil. Horst Schulz, war Vetter meines Vaters. Er war in Hanum geboren und aufgewachsen, besuchte das Gymnasium in Gardelegen und studierte in Halle an der Saale Geschichte und Latein. Nach seinem Abschluss begann er als Lehrer für die Fächer Latein und Geschichte an einer Erweiterten Oberschule in Magdeburg. Sein Ziel war es immer, einmal eine Professur an einer Universität zu erhalten bzw. dort als Dozent tätig zu sein. Deshalb setzte er neben seiner Lehrertätigkeit sein Studium um 1950 mit dem Abschluss einer Promotion an der Universität Jena fort.

Stolz berichtete seine Mutter im Hanumer Konsum beim Einkauf den anderen Frauen davon, dass ihr Sohn nun Doktor sei, was eine Diskussion auslöste. „Emma, wie kann dat wäsen, dien Jung is doch Lehrer worn, wie kann hei denn nu up enmaaol Dokter sien? Dat gat doch gaor nich."

„Hei is öwer Dokter, dat könnt jei mik glöwen."

Erklären konnte meine Großtante die Sache auch nicht, denn für die Dorfbevölkerung galt seinerzeit nur der Arzt als Doktor und sonst kein anderer.

Quelle: Alfred Bock (†), Jübar

Der Gefängniswärter

Besonders im Alter besuchte mich Onkel Horst hier in Jübar. Ihn zog es immer wieder in die Altmark. Leider hatte er früh seine Frau durch eine schlimme Krankheit verloren. Sie war zur Heilung an eine Spezialklinik in Hamburg von seiner Schwester gebracht worden, in der ihr Zustand trotz größter Bemühungen der Ärzte immer schlechter wurde. In dieser menschlich tragischen Situation wurde es ihm und seiner

Tochter von der DDR-Regierung nicht erlaubt, seine Frau zu besuchen, um sie noch einmal zu sehen und zu sprechen. Sie verstarb dort und wurde in Magdeburg beerdigt.

Das verbitterte ihn besonders, und seine Stellung zur Staatsführung der DDR, die er offen kundtat, wurde immer aggressiver und führte letztendlich zur Versetzung von der Erweiterten Oberschule (Gymnasium) in die Polytechnische Oberschule in Magdeburg, in der er sehr mit Disziplinproblemen zu kämpfen hatte.

Nach einer gewissen Zeit bemühte er sich, eine neue Lebensgefährtin zu finden. Während seiner Besuche bei mir berichtete er davon.

Sein Aussehen und Auftreten glich dem des Literaturkritikers Marcel Reich-Ranicki. So sagte er zu mir in besagter Weise: „Ich habe jetzt eine Frau kennengelernt, die sägt Arme und Beine ab.“ Es war eine Oberärztin der Orthopädie, und sie hieß Alice. Sie bildeten bald eine Lebensgemeinschaft, in der sie das Sagen hatte. Nachdem anfänglich Alice bei den Besuchen in Jübar immer dabei war, kam mein Onkel Horst zunehmend allein hierher. Auf meine Frage: „Warum hast du denn Alice nicht mitgebracht?“, kam prompt die Antwort: „Wenn du aus dem Knast Ausgang kriegst, bringst du doch deinen Gefängniswärter auch nicht mit.“

Quelle: Hartmut Bock, Jübar

Erzählungen aus dem Dorfkrug

Dat Schlachteät'n

Die Herbst- und Winterzeit war im allgemeinen auch die Zeit der Schlachtefeste. Alle Landwirte und auch Einwohner der Dörfer, die das Futter und die Stallungen besaßen, fütterten ein oder mehrere Schweine, von denen mindestens eins vor Weihnachten geschlachtet wurde.

Auch die Gastwirte im Dorf, die fast immer eine Landwirtschaft betrieben, gehörten dazu. So hatte der Gastwirt Otto Herms in Jübar ein Schwein schlachten lassen und das Gehackte, das Stichfleisch sowie Rot- und Leberwurst waren frisch aus dem Kessel gezogen und Sülze in Schüsseln abgefüllt. Die Würste warteten auf die Räucherkammer. Im Gasthaus selbst saß eine gemütliche Runde am Tisch und spielte Karten. Unter ihnen waren der Bauer Heinrich Sültmann und der Wirt Otto Herms. In den Spielpausen sprach man über dies und das, und so kam man auch auf das geschlachtete Schwein: „Otto, jei hemm'n ja hüt schlacht. Da kannst du doch ut dien Futterküch moal Mett, Stichliesch und Wost herhoan taum Prauben."

„Ne, dat gaet nich. Ihr wett's doch, deim Frauenslü, die passen up. Die laot'n dat nich tau."

Nun sollte wohl aus dem Schlachteessen nichts werden, bis sich Heinrich Sültmann einschaltete: „Ja, wenn dat so is, denn gaoh ik nao Hus un hoal wat von uns, wie hemm'n hüt oek schlacht."

Gesagt und getan. Heinrich stand auf, verließ die Gaststätte und marschierte geradewegs in die unbewachte Futterküche des Wirtes. Hier wurde ein Teller mit allen Köstlichkeiten gefüllt und zu den Kartenspielern gebracht. Der Wirt spendierte das Brot dazu sowie Besteck und eine Runde Korn und sprach: „Dat schmeckt doch enmaol tau gaut, wenn man von en'n annern Schlechter as unser is, wat et'n daaet. Dat hat jao a en'ganz annern Geschmack."

Quelle: Dr. Henning Ungnad (†), Jübar

„De Drom"

Düsse Geschicht schall de olle Mürker Schut ut Neienstall im Kraug in Jüwer vertellt hemm'. Oll Schut weiär en Spaßmaoker un'n lustigen Kerl.

Hei keim eines Aobends in den Kraug, um dort sien Beiär un' Schluck tau drinken. Was hei emaol tau gern maokte un' sein Fru nich so gaut fand. Hier geif et immer völ mit sein'n Fründen tau schnacken. Hüt weier es öwer anders as süss. Hei hatte en verschmitztes Gesich un' verkündetet no die Begrüßung: „Lüh, ick mütt jück hüt etwas vertellen, ick heff en' gauen Drom hat, der öwer böse utging."

„Dat müttst du uns ferts vertellen! Wie sünd alle gespannt darup."

„Na, denn man tau", seggte Schuten Vadder und legte los. „As ick letzt vom Dörpkaug ut Jüwer in Neienstall ankeim, buten wär dat bannig kaolt u nick heff ok bittchen völ drunken, hüppte en kleiner Pogg öwer die Dörpstraot. Plötzlich

fing hei an tau schnacken: 'Schuten Papa, nimm mich mit in't Hus, mick frösst.' Ick heff mick döchtig verfiert, as hei anfing tau reden. Nun hat die Pogg mick duert un' so heff ick em mitnaoh'n nao de Schlaopkaomer. Ick wull tau Bett gaohn, denn mien Fru wär utgaohn un' wull erst andern Tags trüggkaomen.

Ick treckte mick ut un' ging tau Bett. Up enmaol vernaohm ick den Pogg raupen: 'Nimm mich mit in dien Bett, mick früsst.' Ick hob em up die Bettdecke, wo hei nich sitten bliew un an mien Koppende hüppte. Wedder fing hei an tau schnacken: 'Giff mik en lütten Kuss', ick bün ne' verwünschte Prinzessin."

Mick hat düt dull ekelt; öwer ick heff' dacht, verseuk'n kamste dat jao maol. Nao den ekligen Kuss geiw dat en'n lütten Knall, un' stellt jück vör, neben mick leig en wunderscheune Dern. Ick neim de Dern in mien'n Arm, un' in düssen Moment keim uns Mutter in die Schlaopkaomer. Diei maokte en'n groten Krach. – Sei hat mick einfach nich glöwt, dat dat nur en' schöner Drom von mick weiär."

Lutes Lachen folgte, un' alle weiärn sich einig: „Dao hast du öwer Glück hat, dat dien Frau dick nich weglöpen is!"

„Die is an mick wennt'", weiär die Antwort van Mürker Schut un' besteate Schluck un' Beiär biem Wirt.

Quelle: Dr. Henning Ungnad (†), Jübar

Lustige Runde im Gasthaus Herms, um 1910, Foto Heinrich Heymann

Der gute Ratschlag

In Jübar lebte um 1950 der Tierarzt Fritz Mayer, von allen im Dorf „Meaers Fritz" genannt. Er behandelte am Tag das Vieh der Bauern der Ortschaft und der Dörfer der Umgebung und trank dann täglich seinen Abendschoppen in Steins oder Herms Gasthaus. Dort traf er sich am Stammtisch mit seinen Freunden. Zu ihnen gehörte auch ein Grundsitzer, der immer knapp bei Kasse war und oft einige Eier heimlich ausnahm, um sich sein Bier und einen Köhm zu kaufen. Gegen Feierabend schaute er aus seinem Fenster, um zu sehen, wann Meyer's Fritz zur Kneipe ging, um ihm zu folgen, dann gab es auch einmal ein Getränk, das Fritz bezahlt.

Im Krug wurde nun dies und das Erlebnis des vergangenen Tages erzählt, so wie an diesem. Fritz sagte in die Runde: „Gestern Nacht ist mir wat Dolles passeiert. Klock elf klingeat mien Telefon, un as ick den Hörer afnimm, bölkt en Fruensminsch: 'Herr Dr., wat schall ick maoken, uns Dackel hat een Kondom verschlouckt. Und wat sei dobie maken schall.'"

Nun begann ein dolles Lachen und Johlen und einer rief: „Fritz, was hast du ihr denn nun geraten?"

„Ick heff ehr nun seggt, sei schall maol nicht so knauserig wesen und sick ne neue Packung Kondome köpen."

Quelle: Dr. Henning Ungnad (†), Jübar

Hermann Jordan hinter der Theke in seiner Gaststätte in Jübar um 1980, Foto Hartmut Bock

Ein vergessenes Bubenstück aus alten Zeiten

Als ich vor 50 Jahren als junger Lehrer nach Stöckheim kam, besuchte ich mitunter mit einigen Kollegen auch das Gasthaus Teitge in Stöckheim. Man trank in geselliger Runde sein Bier, auch einmal einen Schnaps und oft gesellte sich auch der Gastwirt Christoph Teitge zu uns, der dann aus alten Zeiten, seiner Jugend, erzählte.

Dabei berichtete er schmunzelnd, dass die jungen Burschen zum Dorftanz oft eine Mohrrübe mitbrachten, die sie vor dem Tanz in eine ihrer Hosentaschen steckten. „Wir rückten beim Tanz dann dicht an unsere Auserwählte heran. Und wenn die Mohrrübe den Körper des Mädchens berührte, drehte sich das Mädchen auf die andere Seite, was unser Ziel war, denn dort war 'Er' wirklich."

Quelle: Christoph Teitge (†), Stöckheim

Borchert passt auf

In der gleichen Runde im Gasthaus Teitge in Stöckheim wurde auch eine Begebenheit zum alten Borchert erzählt. Borchert war Junggeselle, kehrte am Abend oft im Gasthaus ein und verzehrte manchmal auch das, was es zu dieser Zeit im Dorfkrug zu essen gab: Salzheringe, Eier oder auch Harzer Käse. Diesmal hatte er sich einen Harzer Käse bestellt, auf den er sich freute. Es war aber Sommerzeit, der Käse war bereits etwas älter und weich. Nach dem ersten Anschnitt ließen sich munter einige Maden sehen, die sich vor dem Verzehr retten wollten. Dabei hatten sie nicht mit Borchert gerechnet. Dieser kratzte sie mit seinem Messer zusammen und sagte: „Hiergeblieben, ick heff jück mitbetoalt." (Hiergeblieben, ich habe euch mitbezahlt.)

Quelle: Christoph Teitge (†), Stöckheim

Das verschwundene Fünfmarkstück

In den sechziger und siebziger Jahren gab es in Jübar vier Gaststätten: Schwieger, Jordan, Bültge und die Bahnhofsgaststätte. Alle waren immer gut besucht. Das Bier kostete 49 Pfennig und der Kornschnaps war auch nicht teuer. Besonders Sonnabends und Sonntags waren viele Tische mit

Skatspielern und „Schafsköpfen“ besetzt. Man spielte „Bierlachs“ um Runden oder um Geld in verschiedenen Höhen.

Als ich an einem Sonntag zur Gaststätte Schwieger ging, war hier der Schafskopftisch mit Seinken August, Bierstedts Walter und zwei weiteren Spielern besetzt. Otto Ritzke schaute als „Taukiker“ dem Treiben zu. Es war zu jener Zeit – 1969 – als die Notenbank der DDR ein neues bronzenes Fünfmarkstück prägen ließ, das gerade in Umlauf gekommen war.

Das Kartenspielen nahm seinen gewöhnlichen Verlauf. Nach jedem Spiel wurde diskutiert und gestritten. So auch diesmal. August Seinecke hatte ein Solo verloren und musste an die drei übrigen Schafkopfspieler das Geld auszahlen. In seinem Ärger warf er ein Fünfmarkstück auf den Tisch, das jedoch langsam zur Tischkante rollte und herunterfiel. Walter Bierstedt setzte sofort seinen Fuß auf das Geldstück, das darunter verschwand.

„Ja, helpt'ja nu allen'nist. August, du mützt betaol'n.“

„Ick hef doch hier ee'n Fiefmarkstück henschmett'n.“

„Ick sei nist, künn'n jei wat seih'n ?“

„Dat gif's doch nich, ick hef dat hier henlecht.“

Gustav Ritzke saß ganz ruhig daneben. Er plinkerte durch sein dickes Brillenglas und hörte sich das Gespräch an, dann sagte er ruhig: „Walter, kiek doch moa unter dien'n Schau noa, ick glöw, doa lied't dat unner!“

Sofort nahm Walter seinen Fuß hoch und tat sehr verwundert: „Dunnerwetter, wie kommt dat doa hänn?“

Plötzlich war der Fall gelöst. August konnte bezahlen, und Walter hatte das Nachsehen. Die Solorunde Schnaps, die August geben musste, schmeckte trotzdem allen, und der Krug erschallte von einem Lachen der anderen Gäste.

Quelle: Hartmut Bock, Jübar

Die verhängnisvolle Rentenauszahlung

In den Anfangsjahren der DDR wurde die Rente in den altmärkischen Dörfern monatlich vor Ort ausgezahlt. Das geschah an verschiedenen Stellen – hier in Jübar in der Gaststätte Stein-Jordan. Bald füllte sich an diesem Tag die Gaststätte mit Rentnerinnen und Rentnern, die geduldig warteten, um ihr Geld zu erhalten. Die meisten verließen nach Erhalt ihrer Rente das Gasthaus wieder, aber einige Männer tranken noch ihr Bier, spielten Karten und blieben länger im Krug.

Zu diesem Anlass musste auch der Lindenwirt Oskar Schwieger das Lokal aufsuchen, um die Rente seiner Schwiegereltern zu holen. Bald fanden sich einige Leute zum „Bierlachs" zusammen, der aber in Form von Schnapsrunden gipfelte. Oskar hatte beim Kartenspiel einen Platz am alten Kartentisch mit einer Schublade erhalten. Das brachte ihn auf eine schlaue Idee. Um beim Spielen einen klaren Kopf zu behalten, sagte er bei einer Schnapsrunde: „Prost", und seine große Hand verdeckte das Glas beim Trinken, das nicht leer wurde. So wanderte die „leeren" Korn-Gläser in die Schublade und keiner merkte etwas davon – dachte Oskar.

Als das Spiel vorbei war, und der Nachhauseweg stand bevor, sagte plötzlich Imker Landsmann aus Wendischbrome: „So, nu treck man dine Schubloat up und stell dien Schnapsgläs upp'n Disch und sup dei uet! Wie hem'm dat betaolt, und dat schall nich umkaom'n."

So standen bald die Gläser wie eine Reihe Soldaten auf dem Tisch. Und der arme Oskar musste sie unter Frohlocken der Kartenspieler und der anderen Gäste leeren.

Quelle: Gastwirt Hermann Jordan (†), Jübar

„Hüt is' doestig Werer" (Heute ist durstiges Wetter)
Am Donnerstag freuten wir uns Sangesbrüder schon immer auf den Abend, denn dann fand unser gemeinsames Singen in der Vereinsgaststätte „Zur alten Linde" statt. Jede der vier Stimmen hatte ihren Tisch und der Sänger seinen Platz. Wenn man in die Gaststätte hineinkam, saß ganz links der erste Tenor und mit ihm Walter Friedrichs. Walter begrüßte mich immer freundlich. Er war stets rechtzeitig da. An einigen Abenden glänzten seine Augen besonders, und er rief: „Hartmut, hüt is' doestig Werer!" Das bedeutete, einer von uns Sängern hatte Geburtstag gehabt. Er musste Schnaps und Bier ausgeben, nachdem er ein Lied zu hören bekam und wir gratuliert hatten. Doch wenn Walter selber Geburtstag hatte, war es für ihn nicht so leicht, sein Portemonnaie zu zücken und auch eine Runde zu zahlen. Es fiel ihm mächtig schwer.

Eines Tages erzählte er mir beim Singen, dass am Wochenende bei ihm ein Schwein geschlachtet werden sollte. Es war in der Altmark Tradition, dass am Abend ein kleines Schlachtefest gefeiert wurde, zu dem die Nachbarn und andere Freunde eingeladen wurden. Es gab dann frische Wurst, Gehacktes, Stichfleisch und natürlich eine Tasse Brühe, dazu immer einen Korn zur besseren Verdauung, wie es hieß. Den Nachbarn wurde auch eine Kostprobe rübergebracht, denn man erhielt, wenn sie schlachteten, das Gleiche wieder zurück, worauf man sich schon immer freute. Ich sagte zu Walter im Spaß: „Walter, du kannst mich doch auch zu deinem Schlachteessen einladen."

„Nee nee, da dat moagen ick nich. Du fritzt immer so föl, und dann willste noch watt inpackt hem'm. Datt gift nich."

Ich hatte Pech gehabt und musste auf das schöne Schlachteessen verzichten.

Quelle: Hartmut Bock, Jübar

Erinnerung an Peter Fischer und seinen Mutterwitz

Der Steckbrief

Im Sommer 1994 fand die erste Landratswahl im Altmarkkreis Salzwedel nach der Wende statt. Der bisherige Landrat Egon Sommerfeld sollte einen Nachfolger erhalten. Besonders warben CDU und SPD neben den anderen Parteien mit Plakaten ihrer Favoriten um die Gunst der Wählerstimmen. Von der CDU war der damalige Kreisdirektor Dr. Hans Heinrich Jordan aufgestellt worden, und sein Bildnis prangte überall auf den Wahlplakaten.

Wenige Tage vor der Wahl hatten die „Jungen Archäologen der Altmark“ wieder ihre Zelte in der Nähe von Osterwohle aufgeschlagen, um dort ein sächsisches Körpergräberfeld aus dem frühen Mittelalter zu untersuchen. Unter den jungen Ausgräbern waren auch die beiden Söhne der Familie Jordan. So war es selbstverständlich, dass die Eltern ihre Söhne an einem Abend dort besuchten. Wir saßen nach der Besichtigung der Grabung mit vielen anderen gemeinsam am Lagerfeuer. Unter uns war auch der Museumsleiter Peter Fischer, dem immer ein Schalk im Nacken saß. Plötzlich kam das Gespräch auf die bevorstehende Landratswahl und die Plakatwerbung. Peter, der schon einige Bierchen getrunken hatte, wandte sich an Dr. Jordan: „Herr Dr. Jordan, wenn ich so durch unseren Kreis fahre, sehe ich überall ihren Steckbrief. Es steht aber nirgends eine Belohnung darunter. Können Sie mir das erklären?“

Schallendes Lachen durchbrach die Stille des Abends.

Schon oft machte diese Anekdote die Runde, die vom Wahlkandidaten humorvoll aufgenommen wurde. Sieger bei der Wahl wurde jedoch mit knapper Mehrheit der Kandidat der SPD Hans Jürgen Ostermann.

Quelle: Hartmut Bock, Jübar

Zungenragout

In der Altmark finden sich auf den Speisekarten der Gaststätten zwei Gerichte, die in keiner anderen Landschaft in Deutschland auftauchen, das sind der Tiegelbraten und das Zungenragout. Beides wurde auf den altmärkischen Hochzeiten serviert. Dazu kommt noch die Altmärkische Hochzeitssuppe, die zwar auch in anderen Gebieten Deutschlands angeboten wird, aber kaum wie hier mit Rind- und Hühnerbrühe gekocht und nur mit Spargel, Eierstich und kleinen Fleischklößchen versehen serviert wird.

Der Tiegelbraten gelangte am Vormittag des Hochzeitsfestes, wenn die Gäste eintrafen, mit dem kalten Frühstück: Gehacktes, Rot- und Leberwurst sowie Stichfleisch und Schüsselsülze auf die langen Tafeln in dem Hochzeitszelt. Es ist kein gewöhnlicher Braten, sondern er besteht aus gekochtem, in Würfel geschnittenem Rind- oder Schaffleisch. Der Brühe wurden zum Würzen viele Zwiebeln, Pfeffer- und Pimentkörner, Salz und Lorbeerblätter hinzugegeben. Dadurch erhielt die fette Brühe ihren würzigen Geschmack. Serviert wurde der Tiegelbraten ehemals in dreibeinigen Tiegeln (Grapen) die kochend heiß auf den Tisch gelangten. Auf Teller gefüllt, brockte man Kuwel (Weißbrot) in die Brühe ein. Ein Stück Kopfwurst, die mit im Tiegel lag, ergänzte das köstliche Essen. Um das mitunter fette Fleisch zu verdauen, durfte der Kornschnaps nicht fehlen, der dazu getrunken wurde.

Das Zungenragout hingegen wurde nach der Trauung zum Hauptgang nach der Brühsuppe serviert. Es besteht aus gekochten, in dünne Scheiben geschnittenen Rinderzungen und kleinen Ragoutwürstchen in einer dunklen Soße. Besondere Gewürze machen den herrlichen Geschmack aus.

Ich esse beide Gerichte sehr gerne, und das traf auch auf meinen Freund, den Museumsleiter Peter Fischer zu. Wir freuten uns schon immer auf das Essen, wenn das Gericht in einer Gaststätte angeboten wurde. Waren noch andere Freunde und Gäste dabei, die Peter Fischer nicht so gut kannten, konnte er sie durch seine ruhige humorvolle Art oft überraschen.

Das war auch hier einmal der Fall. Als wir die Speisekarte studierten sagte er: „Zungenragout, das esse ich nicht, was ein anderes Vieh schon im Maul gehabt hat. Da koche ich mir lieber ein frisches Ei!"

Nach dem Lachen der Anwesenden bestellte er Zungenragout.

Quelle: Hartmut Bock, Jübar

„Oma hat an allen's dacht"

Im Zuge meiner volkskundlichen Forschungen mit Schülern der Klassen 9 und 10 lernte ich die damalige Bürgermeisterin von Mellin, Christel Kaufmann, kennen, die selbst an der Forschung zur Heimatgeschichte und alten Sitten und Gebräuchen sehr interessiert war. Bei der Befragung älterer Gewährspersonen in ihrem Dorf organisierte sie u.a. zum Thema „Essen und Trinken in alten Zeiten" ein Treffen mit den Rentnern im Gemeindebüro und bereitete uns mit einigen Rentnerinnen ein Abendbrotessen mit Pellkartoffeln und Stippe vor, wie es früher auf den Bauernhöfen mit den Mägden und Knechten zu erleben war. Hierzu hatten wir auch Peter Fischer und den Volkskundler Prof. Dr. Jakobeit aus Berlin eingeladen, denen diese „experimentelle Volkskunde" sehr gefiel. Zu dieser Zeit war das heute hier überall beliebte „Pellkartoffelessen" doch sehr verpönt. Vielleicht brachten wir damals diesen Stein ins Rollen.

In diesem Zusammenhang kam das Gespräch auf einen alten Kleiderschrank der Großmutter von Christel Kaufmann, der schon viele Jahre nach ihrem Tod in der Garage in Tangeln im Wege stand, aber wertvolles Leinenzeug beherbergte. Nun erhielt Peter Fischer das Angebot, dieses selbstgewebte Leinen – Handtücher, Bettwäsche, Unterhosen mit Spitze, Hemden und Schürzen – für das Freilichtmuseum Diesdorf abzuholen.

Einige Tage später fuhren Peter und ich mit meinem Auto und Anhänger zum vereinbarten Termin nach Tangeln. Christel wartete schon auf uns. Sie führte uns zu dem besagten alten Kleiderschrank in der Garage. Sie nahm Stück für Stück aus dem Schrank und überreichte Peter die Wäsche, der sie wiederum mir zum Verstauen in das Auto übergab.

Plötzlich tauchte hinter einem Stapel Unterwäsche eine längliche, schmale, kleine Schachtel auf. „Endlich habe ich den Schmuck unserer Oma gefunden, den wir schon so lange gesucht haben!", rief die Entdeckerin erfreut. Sie zog die Schachtel auf. Neugierig schauten wir über ihre Schulter, und plötzlich schmiss sie alles wieder in den Schrank zurück, denn in dem Schächtelchen befand sich kein Schmuck, sondern Kondome aus Naturkautschuk aus den dreißiger Jahren. Peter kommentierte den Vorfall mit den Worten: „Oma hat auch an allen's dacht!" Nach herzlichem Lachen trat auch die Schachtel mit Inhalt den Weg in das Museum an.

Quelle: Hartmut Bock, Jübar

Reine Gefühlssache

Mit meinem Mann als Chauffeur und seinem Trabbi waren Peter Fischer, Leiter des Freilichtmuseums Diesdorf, und ich unmittelbar nach der Wende in das uns zuvor nahezu unzugängliche Grenzgebiet nach Rockenthin unterwegs. Peter Fischer, um nach Interessantem für das Freilichtmuseum Diesdorf zu suchen, und ich wollte nach der bekannten Fundstelle des alten kaiserzeitlichen Begräbnisplatzes Ausschau halten. Zu Fuß durchstreiften wir das Dorf und umrundeten gemeinsam den Hügel, auf dem die Kirche thront. Dort, unterhalb auf einer Grünfläche, dem Dorfanger zugewandt, sah Peter Fischer eine zu einem alten bäuerlichen Leiterwagen gehörende Deichsel liegen und ging interessiert darauf zu, um das Objekt genauer zu begutachten. Schon glaubte er wohl einen Moment lang, ein geeignetes Museumsobjekt gefunden zu haben. Unvermittelt kam eine ältere Einwohnerin eilends mit fliegender Kittelschürze, einem aufgeschreckten Huhn nicht unähnlich, aus der nahen Toreinfahrt gerannt. Sie griff nach der Deichsel und befingerte sie lange intensiv von vorn bis hinten, um daraufhin gegenüber uns verblüfften Anwesenden voller Überzeugung festzustellen: „Datt is doch uns Vadder sin Schwengel, datt föhl ick genau!" Dem hatten wir nichts entgegenzusetzen, das Museum ging leer aus. Und wir drei konnten uns vor Lachen lange nicht mehr beruhigen.

Quelle: aufgeschrieben von Dr. Rosemarie Leineweber, Salzwedel

Peter Fischer mit seinem Tagebuch, das ihn auf seinen Exkursionen begleitete, um 1980, Foto Jürgen Blume

Episoden mit der Lehrerin und ehemaligen Bodendenkmalpflegerin Christa Maria Herper

Christa Maria Herper wohnte in Kalbe und stammte aus einer Lehrerfamilie. Ihr Vater war Schulleiter in Kalbe an der Milde und hatte seine Tochter streng erzogen. Auch sie studierte und wurde Lehrerin. Vor 1945 war es nicht üblich, dass eine weibliche Lehrkraft verheiratet war. Sie hatte sich ganz und gar ihrem Beruf zu opfern, die Kinder zu unterrichten und zu erziehen. Diese Aufgabe nahm Christa Maria sehr ernst. Sie forderte Disziplin und Ordnung von ihren Schülern. Beeinflusst durch ihren Vater, wurde ihr Interesse an der Archäologie und an der Historie ihrer Heimat geweckt. Dazu trugen viele Funde vom Mesolithikum (mittlere Steinzeit) bis in die Neuzeit bei, die in der Umgebung von Kalbe gemacht wurden. Diese fanden ihre Heimat in der Schule, wo sie in Vitrinen ausgestellt den Kindern gezeigt werden konnten.

Als ich sie bei einem Besuch mit den jungen Archäologen näher kennenlernte, beherbergte sie in ihrer Wohnung eine Dohle, besaß eine Knopfsammlung und bewahrte die neuen, von ihr gemachten archäologischen Funde oder die bei ihr abgegebenen prähistorischen Objekte in der Wohnung auf.

Sie trug oft, auch im Unterricht, ihr Dirndlkleid und berichtete uns ausführlich über ihre Arbeit. Dabei gab es Kaffee und Kuchen. Unter anderem kamen wir auch auf das Thema, wie ungezogen die Kinder heute im Unterricht seien. Sie sagte zu mir: „Stellen Sie sich vor, Kollege Bock, da kommt doch ein Schüler der 6. Klasse in den Klassenraum, haut mir auf den Popo und sagt: ‘Herperchen, wie geht’s denn?’ Ich bin mit dem sofort zum Direktor.“

Ja, Fräulein Herper – auf das Fräulein legte sie einen besonderen Wert – hatte es nicht so leicht im Unterricht.

Quelle: Hartmut Bock, Jübar

Vergebliche Liebesmüh?

In regelmäßigen Abständen kam Christa Maria Herper, Kreisbodendenkmalpflegerin aus Kalbe/Milde (Der Kreis Kalbe/Milde bestand bis zur Kreisgebietsreform 1994.), auf ihrem „SR-Peng" (Simson Moped SR-1) in braunem Ledermantel und Lederhut mit Feder von Kalbe nach Stendal ins Altmärkische Museum gefahren. Da Liebe bekanntlich durch den Magen geht, wollte sie dem Museumsleiter Kohlmann, einem Witwer, Selbstgebackenes oder -gekochtes vorbeibringen. Er fand das offenbar nicht immer so toll, denn wir Mitarbeiter wurden des Öfteren instruiert, seine Anwesenheit bei Fräulein Herpers Erscheinen zu verleugnen. Kam sie unangemeldet, war für ihn nicht immer genügend Zeit, um vorbeugend das Haus zu verlassen. Bestand sie jedoch darauf, das Mitgebrachte eigenhändig in seinem Büro zu deponieren, versteckte er sich schnell in einem Nachbarraum, bis wir Mitarbeiter „Entwarnung" signalisierten.

Quelle: aufgeschrieben von Dr. Rosemarie Leineweber, Salzwedel

Aber Fräulein Herper!

Während der Tagung der Fachgruppe Ur- und Frühgeschichte der damaligen Historikergesellschaft in Neubrandenburg war uns der Wettergott nicht immer hold. Es hatte auch in der Nacht wieder geregnet, doch morgens schien wärmend die Sonne auf die Terrasse des Tagungshotels und lockte uns in der Pause hinaus. Dort standen die DDR-typischen Eisdielenmöbel aus geschwungenem Rundeisen, weiß lackiert und schaumstoffgepolstert mit roten Kunstlederbezügen, die sich, da teils leicht lädiert, über Nacht mit Regenwasser vollgesaugt hatten. Christa Maria Herper wischte einen der Stühle sorgsam ab und nahm darauf Platz, worauf sich – von ihr selbst unbemerkt – unter dem Stuhl ein Wasserstrahl auf die Bodenplatten ergoss, was Professor Friedrich Schlette aus

Halle zu dem Ausruf: „Aber Fräulein Herper!!!“ veranlasste. Diese sprang erschrocken auf und erfasste jetzt die für sie etwas peinliche Situation sichtlich verlegen. Eine(r) lacht eben immer nicht – wir schon.

Quelle: aufgeschrieben von Dr. Rosemarie Leineweber, Salzwedel

fata morgana

Der Stendaler Museumleiter Joachim Kohlmann hatte Hartmut Bock und mich von der 14.30 Uhr in Kalbe angesetzten Trauerfeier für die verstorbene Kreisbodendenkmalpflegerin Christa Maria Herper informiert. Daraufhin verabredeten wir uns, ihr gemeinsam die letzte Ehre zu erweisen. Als wir mit dem Kranz am Friedhof in Kalbe eintrafen, hörten wir bereits getragene Musik, die in der vollbesetzten Trauerhalle erklang. Wir sahen in einer der vorderen Reihen noch zwei freie Plätze und nahmen sie ein. Kaum hatten wir uns gesetzt, schwieg die Musik, und alle standen auf. Der Träger ergriff die Urne, der die Angehörigen folgten. In diesem Augenblick erstarrten wir fassungslos wie vom Blitz getroffen und trauten unseren Augen nicht: Hinter dem Träger schritt doch tatsächlich die schwarzgekleidete Christa Maria Herper – die vermeintlich Verstorbene! Wie konnte das sein und warum war die Feier schon vorbei? Völlig verblüfft blickten wir einander an.

Die Erklärung gab uns die unbekannte Doppelgängerin selbst, denn ihr war unsere Bestürzung, die wir mit Uwe Lenz aus Meßdorf teilten, nicht entgangen. Nach der Beisetzung stellte sich uns die der Verstorbenen zum Verwechseln ähnliche Angehörige als Christa Maria Herpers Schwester vor. Zudem hatte uns Joachim Kohlmann wohl (un)-absichtlich eine falsche Uhrzeit genannt. Jedenfalls konnte keiner der Anwesenden übersehen, dass auch wir zur Beerdigung gekommen waren.

Quelle: aufgeschrieben von Dr. Rosemarie Leineweber, Salzwedel

Dorfgeschichten

Die „Sieben Geißlein"

Mit dem Entschluss der II. Parteikonferenz der SED 1952 wurde festgelegt, die Landwirtschaft in eine sozialistische Produktion umzugestalten. Es wurde begonnen, in den Dörfern LPGen (Landwirtschaftliche Produktionsgenossenschaften) zu gründen. In den altmärkischen Grenzdörfern war durch eine hohe Abgabenpflicht der Großbauern der Druck so groß geworden, dass viele ihren Hof aus Furcht vor dem Gefängnis, das bei Nichterfüllung der Sollabgaben drohte, verließen und in die Westzonen flüchteten. Alle anderen Familienangehörigen, die nicht ihre Heimat verlassen wollten, mussten nun ihre Wohnungen und den Hof aufgeben. Es wurden Verwalter eingesetzt und wenig später aus den einzelnen Höfen eine LPG gegründet. Nach und nach schlossen sich dieser auch Bauern an, die wirtschaftliche Schwierigkeiten hatten. Den Höhepunkt bildete der 'sozialistische Frühling' 1960. In diesem Jahr wurden durch Propaganda und andere Mittel fast alle Bauern der DDR gezwungen, in eine der LPGen einzutreten. Dabei hatten sie drei verschiedene Typen zur Auswahl: Typ 1 die Bauern bewirtschafteten nur das Ackerland gemeinsam und hielten ihre Tiere noch selbst auf dem Hof. Typ 2 war eine Mischform. Und Typ 3 bedeutete, dass alles, was der Bauernhof zur Wirtschaft brauchte, dieser LPG zugeführt wurde. Das waren die Ländereien und Wiesen, das Viehzeug und die Ackergeräte. Hier im Dorf traten in diesem Jahr fast alle Bauern, die noch nicht in der LPG waren, dem Typ 3 bei. Nur sieben hatten sich entschlossen, eine eigene LPG in Form des Typ 1 zu gründen. Sie arbeiteten gemeinsam auf dem Acker, säten, ernteten und pflügten, aber ihre Tiere versorgten sie auf dem Hof. Immer wieder wurde in der Gaststätte über diese LPG gelästert, und es war der Spruch zu hören: „Wartet nur ab, ihr seid die sieben Geißlein und bald wird euch der böse Wolf holen." Einige Jahre später war es soweit, und sie traten der LPG Typ 3 bei.

Quelle: Hartmut Bock, Jübar

Der „Rucksackbulle"

Bis um 1960 gab es in den altmärkischen Dörfern nur „glückliche Kühe", die, wenn der Bauer Nachwuchs haben wollte, von einem Bullen gedeckt wurden, der in den meisten Orten auf einem Bauernhof gehalten wurde. Das änderte sich mit dem „Sozialistischen Frühling in der Landwirtschaft", als alle Bauern mit mehr oder weniger Druck ihre private Wirtschaft aufgaben und einem Typ der LPGen beitraten. Im Typ 3 wurden Ackerbau und Tierhaltung gemeinsam betrieben und somit das Rindvieh in großen Ställen gehalten. Bereits vor dieser Zeit entstanden in der DDR die ersten Besamungsstationen, für die Altmark in Stendal. Hier wurden Besamer ausgebildet und ihnen Motorräder für ihre Arbeit zur Verfügung gestellt. Seine Arbeitsgeräte nahm der „Besamer" in einem Rucksack mit. Dies führte dazu, dass er im Volksmund den Namen „Rucksackbulle" erhielt.

In die Anfangszeiten der künstlichen Besamung in den Dörfern führt eine Anekdote zurück, die hier in aller Munde war. Ob wahr, ausgedacht, das sei dahingestellt. Handlungsort ist ein Bauernhof in der Altmark:

Eines Tages war eine Kuh im Stall brünstig, die unbedingt besamt werden musste. Aber gerade an diesem Tag musste der Bauer mit seiner Frau nach Salzwedel, um dort einen wichtigen Termin wahrzunehmen. Nur die Oma war allein zu Hause. So kam es zu folgendem Gespräch: „Oma, wie mütt'n hüt nao Sodwill tau'n Notar un inköp'n. Hüt kümmt nu de Besamer. Da müts't du em 'ne Schöddel warm Woader und en Handauk und Sep henleng'n, wenn hei kümmt."

„Jao, dat dau ik."

Vater und Mutter fuhren in die Stadt, und der Besamer kam. Oma hatte, wie angewiesen, alles hingestellt. Nun sagte sie: „Hier is Handauk, Sep un' warm Waoder, und an düssen Baken is en Noga inslao'n, da kannst du diene Büx anhäng'n, du Feark'n, wenn du anang'n dast."

Quelle: Stammtischgespräch

Die vergessliche Kuh

Alfred Kreuzberg besaß in Jübar bis zum sogenannten 'Sozialistischen Frühling' einen Bauernhof von 12 ha. Wie der Anbau von Kartoffeln, Getreide, Rüben und anderen Feldfrüchten gehörte auch die Viehzucht zum Bauernhof. Dazu zählten Pferde, Kühe, Schweine, Schafe und Federvieh. Auch für den Nachwuchs wurde gesorgt. Nur selten kaufte man Tiere dazu. Es wurden die Kühe zum Dorfbullen gebracht und die Ziegen und Schafe zum entsprechenden Bock. War eine Sau zur Aufnahme bereit, hieß es: „Die Söch, de brusdt, sei mütt' taun' Kempen."

So kam es dazu, dass Alfred Kreuzberg eine seiner Kühe zum Bullen brachte und nun hoffte, dass das Tier trächtig wurde. Sicherheitshalber fragte er den Tierarzt, ob es mit der Besamung geklappt hätte. Der kam zur Trächtigkeitsuntersuchung und stellte fest: „Die Kaul is' trächtig. Dat Kalf mütt bald kaom'n."

Die Zeit verging, aber bei der Kuh war nichts von einer Trächtigkeit zu sehen, denn sie blieb schlank und rank wie vorher. Daraufhin fragte der alte Kreuzberg nochmals den Tierarzt und wollte nun wissen, wann es soweit mit der Geburt sei. Dieser kam, sah sich die Kuh an und staunte nicht schlecht: „Die Tiet der Drächtigkeit is' längst vörbie, ich glöw, dat wart nist mehr, dei Kau hat datt woll verget'n."

Quelle: Dr. Henning Ungnad (†), Jübar

Der wachsame ABV (Abschnittsbevollmächtigter der Volkspolizei)

In der 1907 erbauten „Witteschen“ Dampfmühle war der Betrieb des Mehlmahlens längst eingestellt. Hier ließ die LPG „1. Mai“ Jübar Getreide für die Versorgung ihres Viehs mahlen und lagern. Auch holten hier die Genossenschaftsbauern Hühnerfutter und Schrot für ihre „individuelle Wirtschaft“. Lange Jahre waren Otto Teickner und Alfred Kreuzberg für den Mühlenbetrieb verantwortlich. Wenn die Mühle ratterte und keine Schreibarbeiten anfielen, wurde so manche Pause in oder vor der Mühle gemacht. Mit Kunden, dem Postboten und anderen Leuten, die an dem Gebäude vorbeikamen, wurde ein Plausch gehalten. So auch an jenem Tag. Alfred und Otti standen vor dem Mühleneingang. Ich gesellte mich zu ihnen, und bald kam auch Fritz Drenkmann, der Postbote, dazu. Es wurde über dies und das erzählt, und dann sahen wir Norbert Schulz mit dem Fahrrad ankommen, der gerade bei „Oskar“ ein Bier und einen Boonekamp getrunken hatte. Er steuerte auf uns zu, und stellte sich mit seinem Fahrrad zu unserer Runde. Das Fahrrad stand auf der linken Straßenseite und damit in „falscher“ Fahrtrichtung.

Das alles beobachtete wachsamen Auges unser ABV, der sofort beschloss, als Ordnungshüter einzugreifen. Er steuerte auf uns zu und sprach: „Norbert, dreh dein Fahrrad um, es steht in falscher Fahrtrichtung!“ Darauf entgegnete Norbert: „Was soll dieser Unsinn! Spinnst du, ich will ja nach Hause fahren.“ Daraufhin nahm der Dorfpolizist Haltung an, legte seine Hand an die Mütze, wurde dienstlich und sprach mit ernster Stimme im Befehlston: „Oberleutnant …, Bürger Schulz, ich fordere Sie hiermit auf, Ihr Fahrrad sofort umzudrehen!“ Mit den Worten: „Du bist bekloppt!“ setzte sich Norbert Schulz auf sein Fahrrad und fuhr unter großem Gelächter von uns davon. Der ABV hatte das Nachsehen.

Quelle: Hartmut Bock, Jübar

Der Zahn muss raus

1969 kam der junge Zahnarzt Dr. Hans-Heinrich Leopold nach Jübar. Er hatte in Leningrad studiert, an der Charité in Berlin promoviert und eröffnete hier seine Praxis als staatlich angestellter Arzt. Die Dorfbewohner und die aus den Nachbardörfern wurden seine Patienten und bald hatte der aus dem Erzgebirge Stammende das Vertrauen der Dorfbewohner gewonnen. Man fand ihn bei den Dorffesten und auch mal in der Gaststätte, und er wirkte in der Gemeindevertretung mit. Im Kreis Klötze war er im Vorstand der DSF (Gesellschaft für deutsch-sowjetische Freundschaft) und als Dolmetscher tätig. Ich hatte durch unseren Skatklub, dem er auch angehörte, eine engere Bindung zu ihm. Dadurch sind mir noch viele Erlebnisse aus dieser Zeit in Erinnerung.
Es war an einem Abend vor dem 1. Mai. Dieser Tag hatte eine Tradition für unsere Blaskapelle und die Feuerwehr, die einen riesigen Reisighaufen vorbereitet hatte – der Frühjahrsschnitt der Gartenbesitzer lieferte das meiste Brennmaterial – zu dem nach einem Laternen- und Fackelumzug der Kinder und Erwachsenen ein großes Maifeuer entfacht wurde. Die Feuerwehr kontrollierte das Abbrennen. Anschließend fanden sich Blasmusik und Feuerwehrmänner in Gasthaus „Zur Linde" ein, um dort den bevorstehenden 1. Mai zu feiern. Viele Bewohner des Dorfes kamen dazu. Hier fand sich auch Dr. Leopold, der im Dorf nur „Leo" genannt wurde, ein. Während des Biertrinkens kam mein Schulkamerad Arnold Wendorf auf den Zahnarzt zu, denn er hatte große Zahnschmerzen und zeigte, bereits alkoholisiert, seinen schlimmen Zahn. Ein Angebot, in die Zahnarzt-Praxis zu gehen und das Problem zu beseitigen, lehnte Arnold ab. Man verabredete sich für den nächsten Morgen.

Wer aber nicht kam, das war der Schmerzpatient, der sich zu dieser Zeit nach dem Maiumzug, denn vorher durften die Gaststätten nicht öffnen, bereits in der Kneipe aufhielt. Hier traf nach dem Warten Leo ein, um einen Frühschoppen zu nehmen. Sofort war Arnold wieder zur Stelle. Kurzerhand ließ sich Leo vom Wirt eine Kombizange geben, ging mit dem Patienten auf den Flur der Gaststätte und zog den Zahn heraus. Als Helden betraten beide wieder unter großem „Hallo" den Gastraum, in dem schon alle auf das Ergebnis der Aktion warteten.

Am Nachmittag des Tages war diese „mutige Tat" des Patienten und Arztes überall im Ort das Dorfgespräch. So kann man eben berühmt werden. Das Zahnziehen mit der Kombizange in der Gaststätte bleibt bis heute in der Erinnerung, und man spricht, wenn man auf Leo kommt, noch immer darüber.

Quelle: Jürgen Schwieger, Jübar, Dr. Hans-Heinrich Leopold, Brome

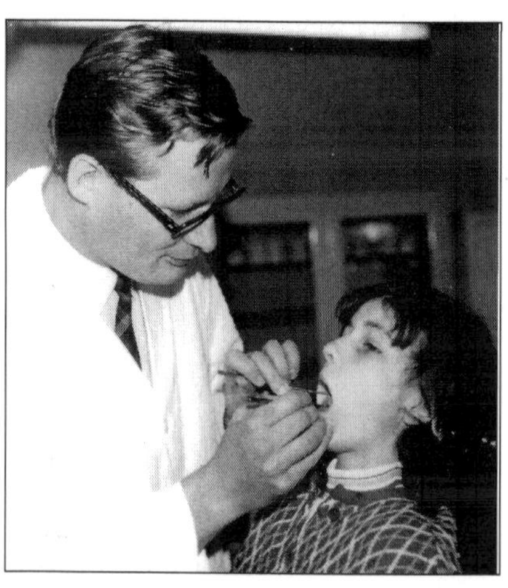

Dr. Hans Heinrich Leopold, genannt „Leo", bei seiner Arbeit in der Praxis um 1980, Fotograf unbekannt

„Nu mütt' ik noch mien Testament änner'n"

Eines Tages wurde der Morgenkaffee des Zahnarztes Dr. Leopold gestört. Im Hausflur erklangen klägliche Hilfeschreie:

„Hilfe! Ik hef dulle Schmerzen! Ik holl dat nich mehr ut! Ik mütt sterben. Nu mütt ik noch mien Testament änner'n."

Als das Geschrei kein Ende nahm, ging Frau Leopold aus der Wohnung nach unten in das Treppenhaus, in dem das laute Gejammer immer weiter ging, um zu schauen, wer hier diesen Krach machte. Es war der Bürgermeister von Neuenstall, Herbert Bierstedt. „Ik hef Krebs, ik goa dod!", rief er. Etwas Alkohol hatte wohl seine Stimme noch lauter werden lassen. Nun kam auch ihr Mann, der Zahnarzt, hinzu, der mit ihm sofort zur Praxis ging, um den „todkranken" Herbert zu behandeln.

Was war geschehen? Herbert hatte sich einen Zahn abgebrochen, dessen Rest so scharfe Kanten hatte, dass sie die Zunge stark verletzten und diese Schmerzen hervorriefen. Nach einer kurzen Behandlung durch Abschleifen des Übeltäters konnte der Patient gesund entlassen werden. Zur „Nachbehandlung" suchte er erst einmal das Gasthaus auf, in der die schlimmsten Schmerzen durch Schluck und Bier gemindert wurden. Der Erfolg war gewiss: Herbert wurde sehr alt und konnte noch viele Jahre sein Leben genießen.

Quelle: Dr. Hans-Heinrich Leopold, Brome

Das geerbte Gebiss

In einem Altmarkdorf lebte in den siebziger Jahren eine Familie, die sehr sparsam, aber nicht arm war. Zu den Familienmitgliedern gehörte auch eine ältere Frau, die bereits seit vielen Jahren Probleme mit ihren Zähnen hatte. Ihr Zahnarzt hatte so nach und nach ihre Zähne gezogen, und sie benötigte einen gewissen Zahnersatz. Bald war sie auch mit diesem ausgestattet.

Nun kam zu dieser Zeit ein neuer Zahnarzt in den Ort. Man brauchte nicht mehr mit dem Bus in die Stadt oder den Flecken zu fahren, um einen Zahnarzt aufzusuchen.

Eines Tages hatte die Dame Schwierigkeiten beim Kauen, eine Entzündung an den Kiefern verursachte die Beschwerden. Sie suchte den neuen Zahnarzt auf. Dieser stellte fest, dass das Gebiss keinesfalls dem Unterkiefer angepasst war. Es schwamm darin hin und her und rief durch Reibung die Schmerzen hervor. Der Zahnarzt fragte die Patientin, wer diesen Zahnersatz angefertigt habe. Das wusste sie auch nicht und antwortete: „Das sind die Zähne von meinem Vater. Ich habe sie mir genommen, als er verstorben war. So brauchte ich mir kein neues Gebiss zu besorgen."

So etwas hatte der Doktor noch nicht erlebt. Er schlug ihr vor, eine neue Prothese anfertigen zu lassen. Die Frau bestand darauf, diese Zähne als Andenken an ihren Vater unbedingt zu behalten. Sie wurden etwas bearbeitet und dienten der Inhaberin weiterhin bis zu ihrem Tod.

Quelle: Dr. Hans-Heinrich Leopold, Brome

Der Dieb im Birnenbaum

Noch heute steht ein uralter großer Birnenbaum nördlich von Jübar am Stadtweg, der einst von Brome in gerader Linie nach Salzwedel führte. Auf diesem Weg gelangten die Bauern zum Markt nach Brome oder auch einmal mit dem Fuhrwerk zur Stadt.

Der Baum, dessen Sorte unbekannt ist, trägt herrliche Früchte, die von diesen oder jenen Leute aufgesammelt oder abgepflückt werden, zu denen ich auch gehöre.

In den fünfziger Jahren wurde dem Baumriesen ein besonderer Besitzer zugesprochen. Nach alter Tradition, so sagten die Jübarer Jagdgenossen, gehöre die Ernte den Jägern. Deshalb wurde darüber streng gewacht, dass nur sie die schmackhaften Birnen ernteten und sich kein Dieb daran gütlich tun konnte.

Eines Tages machte sich der Jübarer Bürgermeister Eberhard Kamieth mit seinem Jagdgewehr bereit, auf die Jagd zu gehen. Von seinem Hochstand am Waldrand aus bemerkte er, dass sich ein Motorrad dem Baum näherte und tatsächlich ein Dieb die Birnen abpflücken wollte. Um dem einen Schrecken einzujagen, ihm die Freude am Stehlen zu nehmen und das „Eigentum" der Jagdgenossen zu schützen, schoss er eine Ladung Schrot in das Blätterdach des Baumes über den Kopf des Frevlers hinweg. Dieser floh flugs mit seinem Motorrad und wurde von dem Bürgermeister nicht erwischt.

Der „Dieb" war der Bruder des Jägers Willi Ziebell. Dieser erzählte ihm später, als er von ihm Hilfe beim Holzhacken erhielt, den Vorfall mit dem Birnenbaum und sagte: „Ik möchte doch tau gern wetten, wecker up mik schaoten hat." Sein Bruder versprach ihm, den Fall aufzuklären und herauszufinden, wer von seinen Jagdgenossen der Übeltäter war. Mit einem Trick wollte er den Schützen enttarnen. Dazu war die nächste Jagdversammlung wie geeignet. Beim gemütlichen Teil begann nun Willi folgendes zu erzählen: „Ik hef doch letzt't up Anstand seten am Mehmker Weg, da keim doch en Motorrad antaufeuern. En Kerl hielt an unsern Bernbaum an un fung an tau plücken. Dun hef ik min Schrotbüchs naom' un en tüchtig Ladung in de Baumkron rinschaot'n, dat de Blätter rauschten. Haste und kannste nich so schnell wär de Diep up' sein Motorrad und hät allens ling'nlaot'n, un weg wär er."

„Ne, Willi, das war ich ja, der da geschossen hat", fiel ihm Eberhard in das Wort. „So geht das nicht, uns hier etwas vorzulügen!"

„Ach du bist dat west, de mien'n Braurer beschaot'n hat. Ick wollt nur maol gern wett'n, wel Döskopp dat daon hat."

Quelle: Günter Ziebell, Jübar

Wie gewonnen – so zerronnen

Alfons Blase lebte als bescheidener Junggeselle in einem Zimmer, das auch nicht beheizt werden konnte, in Jübar. Seine Vorfahren waren im 19. Jahrhundert aus Deutschland nach Bessarabien ausgewandert. Er erzählte immer, dass seine Eltern reiche Leute gewesen seien.

Von dorther kam er wahrscheinlich in den 1920er Jahren auf Wanderschaft in die Altmark. Hier war er zunächst als Knecht bei einigen Bauern tätig. Nach dem Zweiten Weltkrieg arbeitete er im Kunststeinwerk in Bornsen. Durch das Sammeln von Pilzen besserte er sein Einkommen etwas auf, das wiederum in den Gaststätten von Jübar in Bier und Schnaps umgesetzt wurde. An jedem Morgen verließ er pünktlich seine Behausung, um mit Gummistiefeln ausgerüstet den Weg nach Bornsen zu nehmen. Hier arbeitete er als Schleifer. Auf ihn war Verlass.

Als Alfons Blase seinen 60. Geburtstag erreichte, sammelte die Belegschaft des Werkes für ihn und schenkte ihm ein Fahrrad, damit er die drei Kilometer nicht mehr zu Fuß gehen musste. Aus Freude darüber lud er alle Leute zu einer großen Feier zur Lüthen-Gaststätte in Bornsen ein. Hier flossen das Bier und auch der Schnaps im Strömen, und sicherlich gabs auch eine Bockwurst dazu. Als Alfons nun bezahlen sollte, fehlte ihm das Geld, und so ließ er sein Fahrrad dem Wirt für die Rechnung. Da kann man nur sagen, wie gewonnen, so zerronnen. Alfons nahm wieder den Weg nach Jübar zu Fuß und dabei blieb es bis zu seiner Rente. Dabei blieb die Frage offen: Konnte Alfons überhaupt Fahrrad fahren?

Quelle: Hartmut Bock, Jübar

Der Kronleuchter tut es kund

In der Nachkriegszeit wurde Gerhard Ritzke Pfarrer in Diesdorf. Er stammte aus Hanum und war mit unserer Familie sehr verbunden, da er mit meinem Vater zusammen das Gymnasium in Gardelegen besucht hatte. Als er sein Amt als Pfarrer antrat, war er sehr darauf bedacht, dass die Glieder seiner Kirchengemeinde die christlichen Regeln einhielten und die Zehn Gebote beachteten.

Sein Wirkungsort war die wunderschöne romanische Klosterkirche in Diesdorf, die ein Meisterwerk der Backsteinbaukunst ist. In der Basilika des 12. Jahrhunderts erinnern nur wenige Inventarien an die Klosterzeit. Dazu zählen zwei herrliche Abendmahlskelche im romanischen und gotischen Stil, die aus Silber gefertigt wurden und eine Vergoldung zeigen und ein zur Altardecke umgearbeiteter Umhang aus klösterlicher Zeit. Nach der Auflösung des Klosters 1551 kamen weitere Ausstattungsstücke in der Kirche dazu. Neben zwei Ölgemälden, auf denen die ersten evangelischen Pfarrer zu sehen sind, ein barocker Kronleuchter aus Messing, der den Altarraum der Kirche ziert. Es ist seit vielen Jahrzehnte üblich, dass dieser Kronleuchter mit Wachskerzen versehen wird, um diese bei besonderen kirchlichen Festen anzuzünden, um der Feier einen noch festlicheren Glanz zu geben. Es sind nur wenige Anlässe, an denen dies der Fall ist. Auch Trauungen zählen dazu.

Als der junge Pastor Ritzke die Worte Gottes in der Kirche verkündete, änderte er diesen Brauch etwas. Wenn er erfuhr, dass die Braut nicht mehr Jungfrau war, gar vor der Hochzeit ein Kind erwartete oder – noch schlimmer – bereits ein Kind besaß, durfte der Kronleuchter nicht mehr angesteckt werden. Die Diesdorfer Einwohner, die bisher nichts wussten von einem solchen Zustand der Braut, wussten dies nach der Hochzeit ganz bestimmt. Erst mit dem Tod des Pastors wurde diese „unchristliche“ Sitte wieder abgeschafft.

Quelle: Ingrid Moll, Diesdorf, und andere Zeitzeugen

Das entflohene Kaninchen

Dieter lebte als Junggeselle bei seinen Eltern. Er war gutmütig, hilfsbereit und verbrachte auch gerne einige Stunden am Stammtisch in der Dorfgaststätte. Neben seiner Tätigkeit als Maurer hielt er zu Hause Kaninchen, die er täglich versorgte und fütterte. Das nahm die Dorfjugend einmal zum Anlass, ihm einen Streich zu spielen. Während er in der Gaststätte gemütlich sein Bier trank und ein Schnäpschen dazu, hatten die Übeltäter eine Katze in einen Karnickelstall eingesperrt. Als nun Dieter in angeheiterter Stimmung nach Hause kam, nahm er seine Pflicht wahr und fütterte seine Tiere. Dabei öffnete er auch den Stall, in dem sich die Katze aufhielt. Mit einem Satz sprang das verängstigte Tier aus seinem Käfig, flüchtete in den Apfelbaum und war verschwunden. Unser Dieter bekam natürlich einen großen Schreck und staunte nicht schlecht, wie sein Kaninchen in den Baum flüchten und verschwinden konnte.

Am nächsten Abend erzählte er wie erwartet sein Erlebnis im Dorfkrug: „Also Leute, als ich gestern meine Karnickel füttern wollte, sprang eins aus dem Stall auf den Baum rauf und weg wars. So ein verrücktes Karnickel habe ich noch nie gehabt."

Wie man sich denken kann, war die Freude am Stammtisch groß.

Quelle: Hartmut Bock, Jübar, nach Dorfgespräch

Das zerscherbte Geschenk

Da mein Nachbar kurz vor Weihnachten am 23. Dezember Geburtstag hat, findet seine Feier häufig im Sommer statt. Wieder war es in diesem Jahr soweit; alle Gäste waren schon eingetroffen. Es sollte im Garten gegrillt werden. Es fehlte nur noch unser Helmut. Er traf mit Verspätung ein. In seinen Händen hielt er eine zerscherbte Schnapsflasche; in der linken Hand den Flaschenboden, der in der Tüte steckte und in der rechten Hand vorsichtig den Flaschenhals. Alle Gäste begrüßten ihn freundlich und wunderten sich, warum er mit den Flaschenscherben vor ihnen stand. Er gratulierte seinem Freund Horst und sagte: „Herzlichen Glückwunsch zum Geburtstag, ich habe auch ein Geschenk mitgebracht. Leider ist mir diese teure Flasche Cognac an der Ecke von Leusmanns aus der Tüte geglitten und kaputtgegangen. Ich wollte euch aber zeigen, dass ich ein Geschenk mithatte."

Da meldete sich Bernd zu Wort und sagte: „Helmut, das ist eine wunderbare Idee, die werde ich mir einmal für die nächste Geburtstagsfeier merken. Ich werde eine Flasche kaputtschlagen und mit diesem Kommentar überreichen. So habe ich ein billiges Geburtstagsgeschenk." Ein herzliches Lachen der anwesenden Gäste folgte.

Quelle: Hartmut Bock, Jübar

Fremdenführer Willi Kahl

Willi Kahl war unser Hausmeister an der Polytechnischen Oberschule in Stöckheim. Er erledigte seine Arbeit ordentlich und pünktlich, war aber auch nicht abgeneigt, in seinen Arbeitspausen oder auch nach Feierabend ein Bierchen und einen Korn in der Bahnhofsgaststätte in Stöckheim zu trinken. Der alte Bahnhofswirt Reinhard König freute sich immer über Gäste. Wenn man bei ihm ein Bier bestellte, schenkte er mit Sicherheit zwei ein, denn er wollte auch etwas trinken. Bezahlen musste der Gast. König stammte aus Hanum, war dort Bahnhofsverwalter und Wirt, bis man ihn und seine Familie 1952 während der Aktion „Ungeziefer" aus dem Dorf nach Delitzsch deportiert hatte. Sein Heimweh war aber so groß, dass er in die Altmark zurückkehrte und den Bahnhof Stöckheim übernahm, bis die Bahnlinie 1972 eingestellt wurde. Ich kannte „Seine Majestät", wie er genannt wurde, gut, und er erzählte Dr. Henning Ungnad und mir später auch einmal folgende Anekdote:

Willi Kahl saß wieder einmal im Bahnhofskrug bei seinem Bier, das womöglich das Letzte an diesem Tag sein würde, denn seine Frau teilte ihm das Taschengeld zu und das war alle. Deshalb hielt Willi immer Ausschau zum benachbarten Hünengrab, das sehr oft besucht wurde und auch heute noch von vielen Touristen bestaunt wird. Traf eine Reisegruppe ein, lief Willi über den Acker zum Grab und erzählte den interessierten Besuchern die Sage vom Riesen Goliat, der den großen Stein an seiner Uhrkette mit hierhergebracht hatte und dort sein Grab anlegte. Das geschah in der Hoffnung, etwas Trinkgeld zu ergattern.

An diesem Tag lief es aber nicht so gut mit der Erklärung. Obwohl Kahls Willi mit „Biergeld" in den Bahnhofskrug zurückkam, stöhnte er: „Reinhard, hüt hat mik doch son'n Kerl fraogt: 'Sagen Sie einmal junger Mann, wie alt ist denn das Hünengrab?' Ik hef nu öberleggt und öwerlecht un wuust nich, wat ik segn schall."

„Hast du denn dat nich wusst?", sagte Reinhard. „Wat hast du em denn seggt?"

„Ik hef em seggt, datt ik all föftig Jaohr hier in Stöcke'n lew', un so lang steaht dat Dird all hier."

Quelle: Dr. Henning Ungnad (†), Jübar

Delfine im Ahlumer See

Am Anfang der 1970er Jahre wurde am Dorfrand von Ahlum ein See angelegt. Mit großer Hilfe der Ahlumer Bevölkerung entstand dort ein kleines Naherholungszentrum mit Badestrand und Booten sowie einigen Tretbooten. Es gab ein Café, das auch als Fischgaststätte genutzt werden konnte und am See ein kleines Lokal, in dem man sich gemütlich aufhalten durfte. Das Wasser für den See kam aus der Hartau, die durch diese Senke hindurchgeleitet wurde und das Becken mit dem Wasser füllte. Natürlich wurden auch Fische für den Anglerverband Ahlum und andere Angler in das Becken hineingesetzt. So gab es Forellen, Karpfen und andere Köstlichkeiten.

Plötzlich wurde von einer Besonderheit im See gesprochen, die Nachricht verbreitete sich sehr schnell durch eine öffentliche Pressenotiz. Dort hieß es: Von der Gemeinde Ahlum wurden kürzlich Delfine in den See bei Ahlum eingesetzt. Die Tiere sind sehr zutraulich, und man kann sie gut beobachten und füttern.

Das geschah zur Osterzeit. Wie gewöhnlich waren auch in diesem Jahr meine Verwandten aus Hamburg angereist. Mein Onkel Lars erfuhr von diesem Ereignis aus der „Klötzer Volksstimme" und kam mit seiner Frau ganz aufgeregt nach Stöckheim zur Schule gefahren, wo er mich nach dem Unterricht abholen wollte. „Hartmut, hast du das gelesen und gehört, dass in dem See bei Ahlum Delfine ausgesetzt wurden?" Ich wusste von nichts, und neugierig fuhren wir mit dem Auto zum See. Mit uns hatten sich noch andere Gäste, die neugierig waren und die Tiere sehen wollten, eingefunden. Die schauten und versuchten nun, dort irgendwo einen Delfin zu sehen, aber leider ohne Erfolg.

Es gab rings herum ein lautes Gelächter, und da merkten wir, dass es ein Spaß war, dem wir zum Opfer gefallen waren. Wir hatten nicht beachtet, dass der heutige Tag der 1. April war, an dem auch die „Volksstimme" ihr Unwesen trieb und die Bevölkerung in die Irre leitete. Auch wir amüsierten uns.

Quelle: Hartmut Bock, Jübar

Der verräterische Skatpreis

Einer meiner Bekannten ist leidenschaftlicher Skatfreund, der besonders im Winter, aber auch im ganzen Jahr kaum einen Preisskat auslässt. Seine Frau ist jedoch nicht so sehr davon erbaut, aber sie gönnt ihm die Freude und außerdem ist ja oft ein schöner Fleischpreis eine Abwechslung in der häuslichen Bratenröhre. Nun kam es aber häufiger vor, dass der Skatspieler eine Packung Bohnenkaffee und einen Baumkuchenring vom Skatnachmittag nach Hause brachte. Dies erzählte sie auch beim Kaffeekränzchen: „Immer bringt er Kaffee und Baumkuchen mit. Dabei sind die Bohnen nicht einmal gemahlen. Auch am vergangenen Sonntag war das so."

Plötzlich sagte Ernst, der Organisator des Preisskats, der auch anwesend war: „Das stimmt aber nicht. Am Sonntag war Fritz gar nicht da zum Skat, und diesen Preis mit Kaffee und Kuchen habe ich gewonnen."

Ein schallendes Gelächter aller Anwesenden folgte. Wo war er gewesen? Da Fritz jedoch nicht anwesend war, konnte das Geheimnis nicht gelöst werden. Und es wird auch eines bleiben.

 Quelle: Hartmut Bock, Jübar

Aus dem Schulalltag geplaudert

Das nützliche Parteiabzeichen

In den siebziger Jahren wurden von der volkseigenen Bekleidungsindustrie der DDR die „hochmodernen Rundstrickanzüge“ mit der Bezeichnung „Präsent 20“ produziert, von denen ich auch ein Exemplar besaß. Wer modern gekleidet sein wollte, schaffte sich einen solchen an. Die Hosen der Anzüge waren ebenfalls mit einem modernen Reißverschluss aus Plaste ausgestattet, der in der Anfangszeit auch gut funktionierte.

Werner Wienecke bei der Festansprache zur Schulentlassung in der Gaststätte Schinkenmühle Ende der 1970er Jahre, Foto Horst Panser

Unser Schuldirektor Werner Wienecke hatte sich ebenfalls mit einem solchen Anzug ausgestattet, und mit ihm bekleidet, fuhr er nach Klötze zur Schulleiterkonferenz, die unser Schulrat leitete. Nach der Politinformation begann die Beratung mit wichtigen Themen wie z.B. der Gewinnung von Schülern zu BUB (Berufsunteroffiziersbewerber für die NVA) und BOB (Berufsoffiziersbewerber für die NVA) u.a.

Nun ereilte unseren Direktor das Schicksal. Wenn er sich bewegte, sprang der Reißverschluss seiner Hose auf, und die weiße Unterhose wurde sichtbar. Der Versuch, den Verschluss zu reparieren, war vergebens. In seiner großen Verzweiflung kam ihm der rettende Gedanke: Das Parteiabzeichen der SED hat eine Sicherheitsnadel.

Nun flugs das Abzeichen entfernt und von innen an den Hosenschlitz gesteckt. Das Malheur war beseitigt – die Konferenz konnte weitergehen, wenn auch zu befürchten war, dass der Schulrat unseren Direktor fragen könnte: „Genosse, du bist heute wieder unvollständig gekleidet! Wo ist dein Parteiabzeichen?"

Quelle: Werner Wienecke (†), Stöckheim

„Totengräber" Adolf Rahn

Adolf Rahn lebte in Nieps und war überall in der Umgebung bekannt. Sein Markenzeichen war ein großer schwarzer Hut mit einem Sheriffstern daran. Er war zu allen Leuten freundlich, konnte aber den bösen Feind Alkohol nicht besiegen, obwohl er täglich versuchte, ihn durch das Trinken zu vernichten.

Adolf hatte in seinem Leben schon sehr viele Arbeiten verrichtet, aber an keinem Arbeitsplatz hielt er es lange aus. Ende der 1980er Jahre wurde er, wieder einmal arbeitslos, Hausmeister in der Schule in Stöckheim als Nachfolger von Willi Kahl, der in Rente gegangen war.

Zuvor war Adolf „Totengräber" auf dem Friedhof in Klötze. Pünktlich fuhr er täglich mit dem „Arbeiterbus" am Morgen nach Klötze, um dort seine Arbeit zu beginnen. Neben vielseitigen Aufgaben auf dem Friedhof hatte er vor einer Beerdigung das Grab auszuheben und nach der Beisetzung wieder zuzuschaufeln. Das war auch an einem für Adolf schicksalhaften Tag der Fall. Bei großer Hitze schaufelte er die Erde aus der Grabgrube. Als er endlich damit fertig war, setzte er sich bequem in der kühlen Grube hin, zog sein Fläschchen aus der Tasche und ließ es sich gütlich sein. Die harte Arbeit, die Hitze und der Alkohol machten ihn müde und ließen ihn selig einschlummern. Die Stunden liefen dahin, und die Beerdigung nahm ihren Lauf. Plötzlich erschienen die Sargträger, gefolgt von den Angehörigen und Trauergästen an der Grabgrube, in der Adolf schnarchte. Es gab für ihn ein schlimmes Erwachen. Er wurde aus dem Grab geholt, und die Folge war eine fristlose Entlassung.

In den nächsten Jahren wirkte er unter strenger Kontrolle des Direktors an unserer Schule. Auch aus dieser Zeit könnte man so manche Anekdote erzählen.

Quelle: Werner Wienecke (†), Stöckheim

Die vor- und nachgehende Taschenuhr

1971 begann ich meinen Schuldienst an der Polytechnischen Oberschule in Stöckheim. Ich hatte alle Schüler der Klassenstufen 5 bis 10 in Geschichte zu unterrichten und die Klassen 6 und 9 im Fach Deutsch. Das war für einen „Anfänger“ ganz schön belastend. Der Geschichtsunterricht fand fast ausschließlich im Klassenraum der alten Dorfschule statt, in der auch die Wohnung unseres Direktors lag. Der Schulraum war relativ groß und konnte die damalige siebente Klasse mit ihren 42 Schülern aufnehmen. Der einzige Nachteil war der, dass es dort keine Pausenklingel gab, so dass jeder Lehrer auf pünktlichen Beginn und Schluss des Unterrichts achten musste. Als Absolvent, der ja eigentlich seinen Beruf als Lehrer erst in der Praxis richtig erlernt, war es für mich nicht so einfach, die 45 Minuten der Stunde richtig im Gefühl zu haben, wie es später der Fall war. Deshalb hatte ich mir eine Taschenuhr zugelegt, die immer vor mir auf dem Lehrertisch lag, um während des Unterrichts einen Blick darauf zu werfen.

Das war auch an einem Freitag der Fall. Die Zeit verging sehr schnell, und plötzlich tippte Ronald auf seine Armbanduhr und versuchte, mir so deutlich zu machen, dass die Unterrichtsstunde um sei. Ein Blick zu meiner Taschenuhr bestätigte das. Eine Frage in die Klasse nach der genauen Uhrzeit ebenfalls. Ich schloss die Stunde. Alle Schüler waren auffallend schnell zur Schulküche verschwunden. Ich hatte meine Tasche gepackt und verließ den Raum, als mein Direktor mit bösem Blick vor mir stand und mich fragte, warum ich denn den Unterricht eine Viertel Stunde zu früh beendet hätte. Da merkte ich erst, dass die Bande meine Uhr vorgestellt hatte. Ich murmelte irgendeine Ausrede vor mich hin und nahm den gleichen Weg wie die Schüler, die mir nach und nach mit einem breiten Grinsen im Gesicht vom Essen entgegenkamen. Ich ließ mir jedoch nichts anmerken und dachte nur: „Euch krieg ich schon noch. Es gibt ja wieder einen Freitag."

Dieser kam. Ich hatte meine Uhr eine Viertel Stunde nachgestellt, Ronald tippte wieder auf seine Armbanduhr und sagte: „Herr Bock, die Stunde ist 'rum!" Das war aber heute nicht der Fall. Ich fragte die Klasse nur, ob meine Uhr irgendwann nicht richtig gegangen sei und sagte: „Meine Uhr ging in der vorigen Woche und in dieser Woche richtig." Die anfängliche Meuterei mit Androhung einer Beschwerde beim Direktor verklang, als ich die Schüler bat, dem Schulleiter die volle Wahrheit zu sagen. Wir waren uns bald einig, und der Unterricht konnte bis zum „Ende" fortgesetzt werden. So stand es zwischen uns 1:1, und es wurde später noch oftmals darüber gelacht. Dem Direktor haben wir natürlich unsere „Untaten" verschwiegen. Damit habe ich einen wichtigen Hinweis und eine alte Lehrerweisheit meines Großvaters beachtet: „Wenn dir die Schüler einen Streich spielen, dann reagiere immer so, wie sie es nicht von dir erwarten!"

Quelle: Hartmut Bock, Jübar

Der Klassenleiterplan

Als Hochschulabsolvent und junger Lehrer kamen in der Praxis neben den Vorbereitungen zum Unterricht viele Dinge auf einen zu, die man erledigen musste. Jeder neue Lehrer bekam an der Schule einen Mentor zur Seite gestellt, das war für mich die Kollegin Dora Präger. Sie hatte es nicht einfach mit mir, denn ganz genau nahm ich einige Aufgaben nicht. Ich wurde Klassenleiter der 6. Klasse und musste wie alle Lehrer einen „Klassenleiterplan“ erarbeiten. In diesem Arbeitsplan galt es, eine Analyse der Klassenstruktur zu erarbeiten, die Entwicklung des Leistungsstandes der Mädchen und Jungen darzulegen, auf ein einheitlich handelndes Pädagogenkollektiv zu achten, Maßnahmen zur staatsbürgerlichen Erziehung festzulegen und die Zusammenarbeit mit den Schülern, der Pionierorganisation, den Eltern, dem Elternaktiv, dem Elternbeirat und der Patenbrigade im kommenden Schuljahr zu koordinieren.

Der wichtigste Punkt war allen anderen vorangesetzt: „Die Aufgaben der Schule im Rahmen des Fünfjahrplanes nach dem VIII. Parteitags der SED als Grundlage der Bildungs- und Erziehungsarbeit”. All das war für einen „Neuling“ nicht so einfach zu beachten. So war es kein Wunder, dass ich die Anfertigung des Klassenleiterplanes vor mir herschob. Der Direktor forderte ihn immer wieder ein, und meine Mentorin bat mich wiederholt, den Plan doch fertigzustellen. Leider ohne Erfolg! So gingen die Wochen dahin. Ich hatte mir wieder einmal einen gemütlichen Abend im Dorfkrug gegönnt. Als ich heimkam, lag ein Zettel neben dem Telefon mit der Nachricht: „Frau Berfelde kommt morgen zur Inspektion – Klassenleiterplan vorlegen.“ Mich traf es wie ein Blitz. Sofort machte ich mich ans Werk, das ungeliebte Vorhaben zu erledigen. Gegen Morgen schaffte ich es endlich und übermüdet fuhr ich mit dem Bus zur Schule.

Dort erwarteten mich schon die Kolleginnen und Kollegen, und Siegrid Wallmann frohlockte: „Na, ist der Klassenleiterplan fertig?" Die Schulinspektorin war natürlich auch nicht da! Dafür amüsierte sich das gesamte Schulkollegium über den gelungenen Streich.

Quelle: Hartmut Bock, Jübar

„Herr Bock, wir haben Hunger!"

Im Sommer des Jahres 1990 plante ich mit meiner Klasse eine Fahrt in die Hauptstadt der DDR, nach Berlin. Langfristig hatte ich uns in einer Jugendherberge angemeldet und ein Programm ausgearbeitet. Der Anreisetag war Freitag, der 29. Juni.

Am Anfang des Monats kam alles anders als geplant. Ich erhielt einen Brief vom Präsidenten der Akademie der Wissenschaften der DDR in Berlin, dass ich zur Auszeichnung mit der Leibniz-Medaille vorgesehen sei, und diese Veranstaltung fand am Vorabend des Leibniztages der Akademie genau an unserem Anreisetag in Berlin statt. Ich wollte den Schülern die Freude an der Klassenfahrt nicht nehmen und versuchte, alles zu regeln, um einerseits die hohe Auszeichnung entgegenzunehmen und andererseits die Fahrt durchzuführen. Dabei half mir der Kollege Carsten Borchert, der mir versprach, die Kinder mit dem Zug an dem geplanten Tag nach Berlin zu bringen, wo ich die Gruppe nach dem Festakt übernehmen wollte. So konnte ich schon einen Tag zuvor dorthin reisen und bei einem Freund und ehemaligen Schüler übernachten.

Die Auszeichnungsveranstaltung fand um 8.30 Uhr im Palasthotel, dem zu dieser Zeit mit dem größten Luxus ausgestatteten Hotel in Berlin, statt. Nach einem Musikstück von Mozart begann der offizielle Teil mit der Begrüßung, der Abberufung des alten und Berufung des neuen Präsidenten, der Festrede und der Übergabe der Dipolome für die neuen Akademiemitglieder.

Danach fanden die Verleihung der Helmholzmedaille und der Leibniz-Medaillen statt. Der vorgesehene Friedrich-Engels-Preis war gestrichen worden.

In feierlicher Form wurden die Ausgezeichneten im Beisein von Presse und Fernsehen gewürdigt und geehrt. Um 11 Uhr begann der Empfang. Hier war auf langen Tafeln alles zu finden, was das Herz begehrte und was ich noch nie gesehen hatte. Bei Sekt, Wein, Bier und anderen alkoholischen und alkoholfreien Getränken begann das Bankett.

Inzwischen war der Zug mit den Schülern und Carsten in Berlin eingetroffen, und ich schaute ab und zu vor den Hoteleingang, um die Mädchen und Jungen in Empfang zu nehmen. Ich sah sie von weitem eilig auf mich zukommen. Ich bedankte mich bei Carsten, der sich verabschiedete, und das erste, was ich hörte, war: „Herr Bock, wir haben Hunger. Gibt es hier irgendwo eine Bockwurst?" Da fielen mir die vielen schönen Speisen im Hotel ein, die reichlich angerichtet auf den Verzehr warteten. Ich bat die Schüler um etwas Geduld und suchte den „Zeremonienmeister" auf, der für den Ablauf des Festtages verantwortlich war. Ich fragte ihn, ob ich nicht meine Schüler zu dem Büfett hereinholen könnte, worauf ich die Antwort erhielt: „Das hatten wir noch nicht, da müssen Sie den Präsidenten fragen", was ich dann tat. Prof. Dr. Klinkmann sagte zu meinem Anliegen sehr verbunden: „Sie sind doch heute der Ausgezeichnete, und Sie können das bestimmen."

Jetzt bat ich die Schüler in das Hotel und den Festsaal. Bald standen sie um die Pracht herum, und Manuela sagte: „Herr Bock, hier gibt es doch gar keine Bockwurst. Was sollen wir hier denn essen?" Diese Frage hatte sich bald geklärt. Und unter den erstaunten Blicken der Festgäste taten es sich die Schüler gütlich.

Danach erkundeten sie das Hotel und fuhren mit den Rolltreppen. Plötzlich kam Ronny, der inzwischen die Toilette aufgesucht hatte, aufgeregt angelaufen und rief: „Herr Bock, auf dem Klo geht alles automatisch!"

Ich bedankte mich noch einmal bei dem Akademiepräsidenten, der mir beim Verabschieden sagte: „Als Träger der Leibniz-Medaille werden Sie zu jedem Leibniztag nach Berlin eingeladen." Damals ahnte ich nicht, dass sich im darauffolgenden Jahr die Akademie der Wissenschaften in Berlin in Auflösung befand und es keine weitere Festlichkeit mehr gab. Ein trauriges Kapitel für die Wissenschaft.

Quelle: Hartmut Bock, Jübar

„Würzig und scharf"

Bei der Suche nach weiteren Geschichten, fiel mir eine Begebenheit ein, die ein junger Kollege vor über vierzig Jahren in Jübar erlebt hatte. Da ich den Hergang nicht mehr genau wusste, rief ich Werner Hoffmann, damals Haupt, an, um mir Genaueres in Erinnerung zu bringen. Er schrieb mir die nachfolgende Geschichte auf.

„Ich wohnte mit Heinz Dietrich Krüger nicht nur im selben Dorf, wir wohnten auch im selben Haus. Tür an Tür, beide möbeliert zur Untermiete bei der Schneiderin Lucie Körner. Heinz Dietrich, der wie ich auch in der Schule des Dorfes Jübar arbeitete, kam erschöpft von fünf Unterrichtsstunden zurück in das Haus und nahm kurz in der Nähstube Platz. Er begab sich in sein Zimmer und heizte den gusseisernen Kanonenofen an. Er hatte die Absicht, schnell etwas zu essen, bevor er wieder zu einer Konferenz los musste.

Er stellte eine Büchse mit Gulaschsuppe mit der Aufschrift „würzig und scharf" auf den Ofen. Darauf legte er sich völlig erschöpft auf sein Bett, um einen Moment zu ruhen und schlief sofort fest ein.

Als er erwachte und auf die Uhr schaute, fiel ihm zu seinem Erschrecken ein, dass in zehn Minuten in der Schule eine Konferenz über seine Klasse stattfinden sollte, bei der auch die Schulleiterin anwesend sein würde. Er durfte dabei auf keinen Fall zu spät kommen oder schlecht vorbereitet erscheinen. Er schaffte es rechtzeitig, und die Konferenz nahm einen guten Lauf. Für die drei Schüler, die es in erster Linie betraf, fanden sich pädagogisch wertvolle Lösungen, die Direktorin war zufrieden und hatte von Hans Dietrich hektischen Erscheinens nichts mitbekommen. Er genehmigte sich im Anschluss eine Tasse Kaffee und einen Plausch mit einer Kollegin im Lehrerzimmer.

Da schellte das Telefon. Seine Vermieterin, die Schneiderin, wünschte ihn dringend zu sprechen. „Herr Krüger, Herr Krüger", rief sie in höchster Erregung, „stellen Sie sich vor, es hat einen fürchterlichen Knall gegeben. Erst dachte ich, auf der Straße hätte wie im Krieg ein Panzer geschossen. Ich bin vor die Tür gelaufen, aber da war kein Panzer. Kommen Sie doch bitte so schnell es geht hierher."

„Mein Gott – die Gulaschsuppe" durchfuhr es Heinz Dietrich. Er hatte völlig richtig gedacht. Die Gulaschsuppe war es gewesen und kein Panzer. Der Kanonenofen war während seiner Abwesenheit glühend geworden. Dabei war die Büchse mit der Gulaschsuppe stark erhitzt; die herzhafte Brühe darin hatte sich in Dampf verwandelt und schließlich die Büchse zur Explosion gebracht.

Wir betrachteten gemeinsam das entstandene Chaos. So eine Büchse besteht ja im Wesentlichen aus drei Elementen, erstens einem Deckel, der war nach oben weggesprengt worden. Demzufolge prangte an der Zimmerdecke ein brauner Fleck aus Gulaschsoße und fein püriertem Rindfleisch. Das zweite Element einer Büchse bildet die Mantelfläche, die hatte es zerrissen, sie lag in der Zimmerecke. Ein brauner

Streifen aus gleichem Lebensmittel wie an der Decke zog sich in Kanonenofenhöhe rundum und gleichmäßig durch das ganze Zimmer, er überstrich die Gardine, das Federbett, worin Heinz Dietrich vorhin noch geruht hatte, den kunstvollen Schirm einer Leselampe, den Schrank, die Tapete und die Tür. Allein das dritte Element der Büchse, der Boden, stand noch ungerührt da, wo er stehen sollte, auf dem Kanonenofen, als hätte es nie eine Explosion gegeben. Heinz Dietrich zupfte sich eine Rindfleischfaser von der Tapete, kaute sie genüsslich und sagte: „Wirklich schade, hätte gar nicht schlecht geschmeckt.“ Ich tat gleiches, und konnte bestätigen: „Würzig und scharf.“

Quelle: aufgeschrieben von Werner Hofmann, Berlin

„Hartmut, ich könnte weinen!“

1961 wurde in der DDR die Zehnklassige polytechnische Oberschule eingerichtet. Ich durfte in einer ersten 9. Klasse die in einem großen Bauernhaus in Stöckheim eröffnete Einrichtung besuchen. Zu den dortigen Lehrern gehörten zwei junge Damen, die gerade ihr Studium beendet hatten, Ida Hübler und Brunhilde Thurmann. Besonders Fräulein Hübler war eine strenge, gewissenhafte und zielstrebige Lehrerin, die versuchte, uns mit so viel Wissen wie möglich auszurüsten, was nicht immer in unserem Sinne war. Ich kam gut mit ihr aus, bis auf ein kleines Ereignis, das mich betroffen machte. Kurz vor unserer Schulentlassung fragte sie alle Schüler nach ihrem weiteren Berufsweg. Als ich ihr sagte, dass ich ein Studium der Museologie in Weißenfels aufnehmen wollte, bekam ich zur Antwort: „Ach, da lernst du wohl das Staubwischen?“ Leider habe ich es dort nicht gelernt und habe auch heute noch keine große Freude daran.

Uns trennten nun die Wege, bis ich im Jahr 1971 als Lehrerabsolvent an die Schule nach Stöckheim kam. Zu diesem

Zeitpunkt war Ida Hübler Referentin für Lehrerbildung im Rat des Kreises Klötze und für die Betreuung der jungen Lehrkräfte bis zur zweiten Lehrerprüfung verantwortlich. Nun sahen wir uns wieder, diesmal als Kollegen. Sie erschien zu Hospitationen, gab mir gute Ratschläge, und ein freundschaftliches Verhältnis begann, das leider durch ein Ereignis zwischenzeitlich beeinträchtigt wurde.

Die Tätigkeit als Klassenleiter und die des Fachlehrers mit 28 Wochenstunden forderten von einem praxisunerfahrenen Lehrer viel Arbeit. Hinzu kamen die Pionierarbeit und die vielen Elternbesuche, die nach einem Zeitplan des Direktors zu absolvieren waren.

Ein Elternbesuch in Hohengrieben, an den ich mich noch heute gern erinnere, brachte den Glauben an mich als „guten Lehrer" bei ihr ins Wanken. An diesem Tag fuhr ich mit zwei weiteren Kollegen in das Kolonistendorf Hohengrieben, um dort einen Schüler und dessen Eltern zu besuchen. Die Kollegin Wallmann beabsichtigte das Gleiche in der dortigen „Gaststätte ohne Tresen", deren Betreiber ebenfalls einen Sohn hatte, der unsere Schule besuchte. Wir wollten sie dort abholen und gemeinsam die Heimreise antreten. Das geschah auch, aber das Schicksal wollte es anders. Die Gaststube war ein Wohnraum mit Möbeln und einem Verschlag für die Bierkisten und Flaschen. Am Stammtisch, der mit Stühlen und einer Bank umringt war, saßen die Hohengriebener Genossenschaftsbauern und tranken ihren Abendschoppen. Wir wurden eingeladen, uns zu ihnen zu setzen. Bald musste der Wirt Lübbeke immer neue Bierflaschen auf den Tisch stellen und die Schnapsgläser füllen. Das steigerte sich, als mein Kollege Jörg Wiegand das Klavier entdeckte und darauf zu spielen begann. Sofort setzte ein kräftiger Gesang am Stammtisch ein. So zog sich der Abend hin, und es wurde sehr spät, bis wir zu dritt wieder unsere Heimreise mit dem Fahrrad antraten. Ich hatte die längste Tour bis Jübar und fiel nach Ankunft in mein Bett.

Aber das Unglück schreitet schnell. Als ich mit dem Bus in Stöckheim müde eintraf, war meine Betreuerin frohgelaunt schon vor Ort und wollte sich an diesem Vormittag meinen Unterricht anschauen. In der ersten Stunde hatte ich in der achten Klasse Geschichte. Alles lief sehr gut. Nun folgte aber in der sechsten Klasse deutsche Grammatik. Auf dem Plan stand das Demonstrativprononen, mit dem ich nicht so richtig etwas anfangen konnte. Am Stundenschluss im Lehrerzimmer kam die Frage nach den nicht vorhandenen Vorbereitungen. Ida Hübler stand vor mir und sagte: „Hartmut, ich könnte weinen!" Meine tröstenden Worte: „Kollegin Hübler, das mache ich in den nächsten Stunden wieder gut" halfen nicht. Ich musste mir bei meinem Direktor eine Strafpredigt anhören, die zur Folge hatte, dass ich vier Wochen lang meine Vorbereitungen zur Abzeichnung morgens vorzulegen hatte.

In den Jahren entwickelte sich zwischen Ida und mir eine Freundschaft, die anhält, zumal wir beide am 20. Dezember Geburtstag haben. Wenn wir uns treffen oder telefonieren, amüsieren wir uns immer wieder über die enttäuschten Worte: „Hartmut, ich könnte weinen!"

Quelle: Hartmut Bock, Jübar

Der „Laufzettel"

Zu den Lehrerkonferenzen und pädagogischen Ratssitzungen wurden immer alle Tische im Lehrerzimmer zu einer langen Tafel zusammengestellt. Jeder Kollege oder jede Kollegin hatte einen festen Platz. Wir waren 23 Lehrer der Oberstufe und Unterstufe sowie die Hortnerinnen. Der Direktor saß an der Stirnseite. Das jüngere Kollegium saß ihm gegenüber und seitlich am Ende der Tischreihe.

Vor jeder Versammlung war es üblich, dass der Direktor bzw. ein Kollege oder eine Kollegin eine Politinformation abgab, die einen bestimmten Zeitpunkt einnahm und der man nicht immer aufmerksam folgte, sondern auch einmal einen Spaß machte, an dem Siegrid Wallmann oft ihren Anteil hatte. So gingen manchmal Laufzettel mit witzigen Sprüchen durch die Reihe. Darauf stand z.B. auf der Vorderseite: „Nur bei Gefahr umdrehen!" Drehte man jedoch den Zettel trotzdem um, so konnte man lesen: „Nur bei Gefahr, du Dussel!" Das rief ein Gelächter hervor, das eine Ermahnung durch den „Chef" zur Folge hatte.

Eines Tages war dies wieder der Fall. Nach leisem Kichern erreichte der kleine Zettel auch meinen ehemaligen Lehrer und damaligen Kollegen und Freund Josef Heidenreich, der kurz vor dem Rentenalter stand. Er nahm sich umständlich seine Brille heraus, faltete den Zettel auseinander, las und lachte dreimal laut: „Ha, ha, ha!"

Plötzlich stutzte er und sagte: „Warum lache ich denn eigentlich?" Auf dem Zettel stand: „Hatten Sie heute schon Geschlechtsverkehr? Wenn ja, bitte lachen!" Welche Folgen das im Kollegium hatte, kann man sich vorstellen. Und eine weitere ersthafte Ermahnung vom Direktor war die Folge.

Quelle: Hartmut Bock, Jübar

Der verschwundene Kranz

Um 1980 beschloss die SED-Kreisleitung Klötze, dass alle Schulen im Kreis einen Namen tragen sollten. Die namenlosen Einrichtungen mussten um einen würdigen Namen „kämpfen". Dies waren in der Regel die von Arbeiterführern und Kommunisten. Die Schule Jübar sollte den Namen „Ernst Thälmann" tragen, und für Stöckheim war „Clara Zetkin" vorgesehen. Als unser Direktor dies im Lehrerkollegium verkündete, wurde der Vorschlag nicht gerade wohlwollend entgegengenommen. Wir konnten keinen Bezug zu dieser Persönlichkeit entdecken. Deshalb schlug ich den Namen „Johann Friedrich Danneil“ vor. „Das bekommen wir nie durch!“, war die Meinung der Kolleginnen und Kollegen. Ich erklärte mich bereit, einen entsprechenden Antrag zu entwerfen, um die fortschrittliche und demokratische Haltung des Salzwedeler Gymnasialdirektors hervorzuheben. Hinzu kam seine vielfältige archäologische, historische und kulturhistorische Arbeit. Zumal gab es zu dieser Zeit auch bereits die Arbeitsgemeinschaft „Junge Historiker“, die auf den Spuren von Danneil wandelte. Werner Wienecke reichte den Antrag ein – und er wurde genehmigt.

Die Arbeit begann: Es wurden ein Gedenkzimmer eingerichtet, Vorträge gehalten und Pressemitteilungen gemacht. Tag der Namensgebung sollte der 18. März 1983 werden, der 200. Geburtstag Danneils. Ein Patenschaftsvertrag mit dem Landesmuseum in Halle folgte und Prof. Dr. Joachim Preuß von der Universität Halle zum Festvortrag gewonnen. Alles verlief nach Plan. Der Erste Sekretär der Kreisleitung Klötze enthüllte bei einem Fahnenappell den Namenszug an der Schule, dem Festlichkeiten auf dem Saal der Gaststätte Teitge folgten. Es wurde sogar eine Danneilmedaille angefertigt, die zusammen mit einer Urkunde an Lehrer, Schüler und aktive Eltern übergeben wurde.

Seit dieser Zeit wurden der Geburts- und Todestag des Namensgebers jährlich von der Schule feierlich begangen. Zu einem besonderen Todestag sollte auf dem Friedhof in Salzwedel eine Gedenkfeier stattfinden, an der unser Direktor und ich einen Kranz am Grab niederlegen wollten. Der Kranz mit Schleife und Aufschrift: „Im ehrenden Gedenken – die Lehrer und Schüler der ‘Johann-Friedrich-Danneil-Schule’“ war in einem Blumenladen in Klötze bestellt und die pünktliche Lieferung zugesagt. Als die Zeit der Abfahrt heranrückte, fehlte der Kranz. Bei einem Telefonat wurde uns mitgeteilt, dass er längst in Stöckheim sei, denn man habe ihn zur Beerdigung von Otto Merten mitgegeben. Wir sollten ihn vom Friedhof holen. Das taten wir natürlich nicht, und so erhielten wir verzögert den Kranz mit neuer Schleife vom Blumengeschäft geliefert und konnten unsere Fahrt nach Salzwedel beginnen. Die Angehörigen Otto Mertens werden sich wohl gewundert haben, welche Ehre die Lehrer und Schüler ihrem Verstorbenen entgegenbrachten.

Quelle: Hartmut Bock, Jübar

Johann-Friedrich-Danneil-Schule Stöckheim, 1983, Foto Hartmut Bock

Die missglückte Gratulation

An unserer Schule war es zur Tradition geworden, dass die Schüler ihrer Klassenleiterin oder ihrem Klassenleiter zum Geburtstag gratulierten und einen Blumenstrauß oder auch ein kleines Geschenk überreichten. Schwierig war dies in der Jahreszeit, in der keine schönen Blumen in den Hausgärten der Eltern blühten, denn es gab oft keine zu kaufen, und die Blumenläden waren nur mit Topfpflanzen ausgestattet.

Nun hatte wieder einmal ein Kollege Geburtstag, und dazu ließen sich einige Schüler, wenn auch mit Herzlichkeit, etwas Unerlaubtes einfallen. An den Schulhof grenzte der Dorffriedhof, und in der Ferne leuchtete auf einem Grab ein großer Osterglockenstrauß. Das war die Rettung. Einige Jungen gingen heimlich zu dieser Grabstelle, um die Blumen für ihren Lehrer zu stehlen, der sich über diesen Strauß auch sehr freute, denn es war damals in der DDR etwas Besonderes, solche schönen Blumen kaufen zu können.

Aber in der nächsten Pause erschien die Nachbarin, die die Schüler auf dem Friedhof beobachtet hatte, beim Direktor mit den Worten: „Ich habe gesehen, wie die Jungs die Blumen vom Friedhof geklaut haben. Gestern war mein Westbesuch da, der den Strauß auf das Grab seiner Verwandten gestellt hat.“ So blieb es nicht bei einem Diebstahl, sondern es wurde zu einem „Politikum“. Welche Folgen das für die gute Absicht der Jungs hatte, kann sich jeder denken.

Quelle: Hartmut Bock, Jübar

Eine neue Schule, aber ...?

Das Jahr 1990 veränderte das ganze Leben in der ehemaligen DDR, auch das der Schulen. Gleich nach der Wende wurden viele kleinere Landschulen geschlossen und zu größeren Real- und Hauptschulen zusammengelegt, was eine lange Anfahrt der Schüler zum Schulort zur Folge hatte. Ein ähnliches Schicksal erwartete die ehemaligen Polytechnischen Oberschulen in Jübar und Stöckheim. Durch kluges Handeln der dortigen Schulleiter Horst Fischer und Werner Wienecke war es aber gelungen, beide Bildungseinrichtungen zusammenzuschließen, damit die entsprechend vorgeschriebene Schülerzahl zum Erhalt des Standortes vorhanden war. Da Jübar das bessere und modernere Schulgebäude besaß, wurde diese Schule erhalten, und die ehe-

Kollegium der Jübarer Schule im Schuljahr 1997/98; v.l.: Frank Boy, Katrin Budras, Anke Jordan, Schulleiter Hans Joachim Sternagel, stellvertretende Schulleiterin Christine Müller, Marianne Knopf, Steffi Fischer, Kersten Schulz und Hartmut Bock

maligen Stöckheimer Schüler fuhren mit dem Schulbus dorthin.

Im September 1990 war es soweit. Zum ersten Mal begann für die Lehrer und Schüler der Stöckheimer Schule der Unterricht im „neuen Schulgebäude". Ich war damals Klassenleiter einer siebenten Klasse, und die Kinder und ich gingen erwartungsfroh in das neue Schuljahr. Nach einiger Zeit des Einlebens bat ich die Schüler, aufzuschreiben, wie es ihnen in der Jübarer Schule gefällt. Die meisten waren sehr zufrieden mit dem modernen Schulgebäude, das erst 1968 bezogen wurde und eine ausgezeichnete Einrichtung besaß. Das galt besonders für die Fachräume. Aber es gab auch Kritiken, so im Bericht von Dannny: „Mir gefällt an dieser Schule, dass der Sonnabend frei ist. Mir gefällt an der Schule die Pausen. Mir

gefällt auch, dass unsere Mitschüler besser zusammenhalten. Die Anlage der Schule ist gut, weil der Sportplatz, die Turnhalle und der Schulgarten gleich nebenan ist. Man braucht nicht lange zu gehen, wenn man sie betreten will.

Die Lehrer sind besser als die von unserer Schule in Stöckheim. Herr … hat es nur auf einige Schüler abgesehen, er macht unsere Klasse schlecht. Bei Frau … ist das dasselbe. Wenn ein Schüler den andern was fragen will, trägt er diesem Schüler eine 5 ins Fach ein. Bei Frau … ist das auch so. Die beiden stecken unter einer Decke und machen gemeinsame Sache. Mir gefällt aber auch nicht der Name der Schule. Die Schule müsste Johann Friedrich Danneil heißen. Mir gefällt aber auch nicht, dass die Sporthalle so klein ist. Die DDR-Zeichen müssen ab, aber die Lehrer lassen sie hängen. Frau … macht unsere Klasse schlecht. Wenn man sie danach fragt, hat sie immer eine Ausrede parat."

So urteilt ein Schüler!

Quelle: Hartmut Bock, Jübar

Ein gutes Versteck

1954 kam Fritz Jensen als neuer Lehrer an unsere Grundschule in Hanum. Er hatte alle Mühe, uns Schüler der ersten bis vierten Klassen in einem Klassenzimmer in „Schach zu halten". Besonders Horst, Wilhelm und Herbert hatten oft einen Streich oder anderen Unfug im Sinn, mit dem der junge Lehrer fertig werden musste. Mitunter griff auch seine resolute Frau in den Pausen ein.

Eines Tages war Horst bei unserem Lehrer in Ungnade gefallen, hatte sich aus dem Unterricht verdrückt und war nach Hause gegangen. Das hatte zur Folge, dass wir alle antreten mussten, um zur Wohnung des flüchtigen Horst zu marschieren, denn Fritz Jensen konnte uns nicht allein zurücklassen, da er die Aufsichtspflicht über uns hatte. Dort

Blaskapelle Jübar nach der Gratulation zum 50. Geburtstag des Dorffriseurs Kurt Radebach in Hanum 1978 (Mitte links Fritz Jensen, rechts daneben Kurt Radebach), Fotograf unbekannt

angekommen, ging unser Lehrer in das Haus, um mit den Eltern zu sprechen, und wir warteten auf dem Hof.

Plötzlich regte sich etwas in der Hundehütte, und neben dem Kopf des Hundes schaute Horst mit den Worten hervor: „Hier finden die mich nicht!" Horst blieb verschwunden, und wir übten keinen Verrat. So wurde der Rückweg angetreten und der Unterricht fortgesetzt. Ich erinnere mich noch heute gern an dies Erlebnis.

Quelle: Hartmut Bock, Jübar

Die Prämie

An der POS in Jübar arbeitete der alte Lehrer Fritz Jensen, bei dem ich selbst ein Jahr in Hanum zur Schule gegangen war. Er gehörte zu den Kollegen, die in vielen Fächern den Unterricht erteilen konnten. Er spielte Klavier, und so wurde er als Musiklehrer vom Schuldirektor eingesetzt. Mit viel Fleiß hatte er im Dorf eine Blaskapelle ins Leben gerufen, für die er die Noten selbst schrieb und die Übungsabende leitete. Die LPG hatte die Blasinstrumente gekauft und sie der Kapelle zur Verfügung gestellt, die bald weit und breit bekannt wurde.

Seine Frau Elfriede war es, die das Geld zusammenhielt. Wenn Fritz auf Reisen ging oder eine Kur besuchte, sagte sie: „Vati, gib dafür kein Geld aus, was du zu Hause umsonst haben kannst."

Wenn Fritz Jensen allein zu Hause war und seine Frau zur Kur, wurde die Blaskapelle eingeladen, und er zog aus dem Karnickelstall, dem Holzdiemen und anderen Verstecken die Schnapsflaschen heraus. Es wurde Bier geholt, und es kam zu einer fröhlichen Feier seiner Blaskapelle.

Nun rückte der Tag heran, an dem Fritz Jensen das Rentenalter erreichte und sich so ganz der Musik widmen konnte. Für diesen Tag hatte sich die Schulleitung eine Überraschung ausgedacht – es sollte ein Fest werden, an dem auch die Blaskapelle aufspielte. Der Geehrte würde eine „fette" Prämie erhalten. Das war nicht so einfach, denn alle wussten, dass seine Frau das Geld in der Familie verwaltete. Erhielt ihr Mann eine Prämie, so waren die ersten Worte Elfriedes, wenn er von der Ehrung auf seinen Platz kam: „Vati, gib mal den Umschlag gleich her!" Das wusste man, und deshalb reifte der Plan, dem Geehrten zwei Umschläge mit Geld zu übergeben. Der geringere Betrag wurde gleich von seiner Frau auf der Feier einkassiert. Ein paar mehr Scheine steckten im zweiten Kuvert, das man dem zukünftigen Rentner so zusteckte, dass der damit eine unvergessliche Feier finanzieren konnte, ohne „Mutti" zu fragen.

Quelle: Horst Fischer, Jübar

Geschichten aus dem „Sperrgebiet"

Der Einfluss von Damenfeinstrümpfen auf die Politik

Während meiner ehrenamtlichen Tätigkeit im Grenzmuseum in Böckwitz lernte ich einen 80-jährigen Besucher aus Elbingerode kennen, der mir folgende Geschichte erzählte: „Ich war ein junger Mann, als der Krieg zu Ende war. Wie sollte meine Zukunft aussehen? Ein Freund riet mir: 'Geh doch zur Polizei, die zahlen pünktlich.' Ja, das konnte ich mir vorstellen, als Polizist in Magdeburg mit weißer Mütze den Verkehr regeln. Ich wurde Polizist. Eines Tages wurde ich per Befehl nach Jahrstedt, damals Sowjetische Besatzungszone, versetzt. Hier sollte ich für Ordnung im Grenzgebiet sorgen. Damals bewachten die Russen (richtiger Sowjets) noch die Grenze. Ich machte mit ihnen Geschäfte. Ich besorgte Munition, und sie schossen Wild. Ab und zu bekam ich auch mal einen Braten ab.

Eines Abends bekam ich den Befehl, mich auf einem Gehöft an der Straße 248 zwischen Brome und Mellin einzufinden. Es gab dort drei ausserhalb der Gemeinde Brome einzeln liegende Gehöfte im sogenannten Bromer Sack. Dort war schon Englische Besatzungszone. In dunkler Nacht kam ein LKW aus Thüringen angefahren. Er hatte Damenfeinstrümpfe geladen. Wir luden die Kartons auf einen anderen bereitstehenden LKW, der in der Nacht in Richtung Westen verschwand.

Man erzählte, die Strümpfe sollen im Westen verkauft werden, um den Wahlkampf von Max Reimann, KPD, zu unterstützen."

Damenfeinstrümpfe waren zu der Zeit wie Goldstaub. Es muss doch was bewirkt haben, denn Max Reimann ist 1949 in den ersten Bundestag der BRD gewählt worden.

Quelle: aufgeschrieben von Christel Kaufmann, Mellin

„Geht es hier nach Hanum?"

Der „Geschichtsfachraum“ befand sich in der Schule in Stöckheim im alten Klassenzimmer der ehemaligen Dorfschule. Um mit den Schülern nach der Hofpause vom Schulhof dorthin zu kommen, mussten sie die Straße überqueren, wobei der Lehrer die Aufsicht führte. Eines Tages, als ich die Jungen und Mädchen über die Straße ließ, sprachen mich zwei Männer im mittleren Alter, die mit Mantel und Hut bekleidet waren, an: „Entschuldigen Sie, wohin führt diese Straße?“ Ich antwortete: „Wenn Sie geradeaus weitergehen, kommen Sie bald an der Neubauernsiedlung Nieps vorbei, dann kommt das Dorf Lüdelsen und danach Jübar.“

„Geht es dort auch nach Hanum?“

„Ja, da werden Sie aber nicht weiterkommen, denn das ist Grenzgebiet. Ab Lüdelsen wird am Schlagbaum kontrolliert. Sie können dort nur mit einem Passierschein einreisen.“ Die beiden Herren bedankten sich für meine Auskunft und setzten ihren Weg fort.

Am kommenden Morgen rief mich überraschend mein Direktor in sein Zimmer. Ich staunte nicht schlecht, denn die beiden Fußgänger vom Vortag waren auch dort. Es stellte sich heraus, dass die Herren Mitarbeiter der Staatssicherheit waren, die auf dem Weg von Klötze bis in die Grenzgemeinde Hanum Personen angesprochen hatten, zu denen ich auch zählte, um sich nach dem Weg zur Grenzgemeinde Hanum zu erkundigen. Sie hätten gehofft, dass diese Meldungen zu einem eventuellen „Grenzdurchbruch“ machten. Es war jedoch von den Altmärkern keine einzige Meldung eingegangen. Ich wurde nun ermahnt, die angeblichen „Grenzverletzer“ nicht angezeigt zu haben und wurde aufgefordert, eine größere Aufmerksamkeit im „Rahmen des Schutzes unserer Grenze“ an den Tag zu legen.

Quelle: Hartmut Bock, Jübar

Keine Einreise für einen Toten

August Busse galt in Jübar als gemütlich, sehr umgänglich und pflichtbewusst. Ständig sah man ihn auf dem Fahrrad mit Rucksack, in dem er den Kasten mit seinem Mikroskop zur Fleischbeschau mitführte. Die Fahrten führten ihn in viele Dörfer der Umgebung seines Heimatortes. Von 1930 bis 1961 führte er an 1.505 Schweinen, 612 Kälbern, 563 Schafen, 322 Rindern und 65 Ziegen die Fleisch- und Trichinenschau durch. Mit „Feuer und Flamme" war er Feuerwehrmann, und besaß als einer der wenigen ein Telefon im Dorf. Den älteren Einwohnern ist er als „Trichinenkieker" noch lebendig in Erinnerung.

Plötzlich erkrankte er schwer. Seine Frau notierte später dazu: „Unser Vater wurde am 20. September 1961 an der Blase operiert im Salzwedeler Krankenhaus. Kam am 6. November nach Magdeburg und ist gestorben am 9. November 1961 mittags 12 Uhr. Die Beerdigung fand am 14. November 1961 in Jübar statt."

Vor der Beerdigung des in Magdeburg Verstorbenen gab es einen makabren Vorfall. Der Ort Jübar zählte zu dieser Zeit wegen seiner Grenznähe zur BRD zur sogenannten 5-km-Sperrzone. Das bedeutete, dass alle Einwohner des Dorfes einen besonderen Stempel in ihren Personalausweis bekamen, der vierteljährlich ergänzt wurde. Besucher des Grenzgebietes durften nur einreisen, wenn sie einen gültigen Passierschein besaßen, der von der Verwandtschaft aus der Sperrzone eingereicht werden musste. Dienstliche Passierscheine beantragten die entsprechenden Betriebe und Ämter. Als nun ein Magdeburger Bestattungsinstitut, dem das Sperrgebiet unbekannt war, den Sarg mit dem Toten zur Beerdigung nach Jübar bringen wollte, wurde das Auto am Dorfrand von Lüdelsen am Kontrollpunkt mit Schlagbaum gestoppt. Dem Kraftfahrer wurde die Weiterfahrt verweigert, da kein Passierschein vorlag. Nach längerem Gespräch mit den Polizisten luden die Mitarbeiter des Bestattungsunternehmens den Sarg aus dem Auto, stellten ihn an den Straßenrand und traten die Rückreise an. Da die Beerdigung in wenigen Stunden stattfinden sollte, war die Not groß.

In aller Eile wurde der Nachbar des Verstorbenen, Walter Bierstedt, gebeten, den Weitertransport mit seinem Gummiwagen mit Pferdegespann zu übernehmen. Ihm standen Paul Preetz und Walter Gädke zur Seite. Der damals junge Feuerwehrmann Heinz Rohloff erzählte mir 2009, dass er das Gefährt immer noch vor Augen hätte, wie es, begleitet durch die beiden Männer, durch das Dorf Lüdelsen fuhr.

Quelle: Heinz Roloff (†), Jübar

Die wertvolle Ente

Die Zeit der Wende war sehr aufregend. Alles war möglich. Die Leute konnten in die Bundesrepublik reisen und die Nachbarn aus dem Westen uns besuchen. In dieser Zeit kamen allerhand interessante Dinge vor, wobei das Geld oft eine besondere Rolle spielte. Der Kurs der Westmark stieg zeitweise von vier auf zehn Mark Ost zu einer Mark West, so dass die Dorfkneipen an der Grenze an jedem Abend überfüllt waren, da Bier und Korn sowieso nur fünfzig Pfennige kosteten. Nebenbei wurde Westgeld eingetauscht.

Hier in Jübar kursierte damals folgende Geschichte: Ein Bürger des Dorfes wollte in den Westen reisen und nahm Geschenke für seine Verwandten mit. Die Eltern hatten einen Bauernhof, auf dem nicht nur Schweine und Hühner, sondern auch Enten gezüchtet wurden. Zwei von ihnen hatte er eingepackt, um sie mitzunehmen. Jedoch war es zu dieser Zeit noch verboten, Fleisch in die Bundesrepublik zu bringen. An der Grenze war eine Zollkontrolle, und nun erwischte es besonders ihn, der Verbotenes im Gepäck mitführte. Er musste wie üblich alles auspacken, was im Koffer und der Tasche lag, und dabei kamen auch eine schöne fette und eine kleinere magere Ente zum Vorschein.

Die Zöllner wollten dem jungen Mann etwas entgegenkommen und boten ihm an, die große Ente mitzunehmen, aber die Kleine beim Zoll zu lassen. Dabei kam es zu einem Streitgespräch zwischen Zollbeamten und dem Eigentümer der Enten. Er aber wollte unbedingt die Kleine haben. Das wunderte die Zöllner, und so wurde diese genauer untersucht. Inhalt des Bauches waren nicht die Eingeweide des Tieres, sondern es kam ein Umschlag mit 20.000 Mark der DDR zum Vorschein. Das Geld wurde natürlich konfisziert und die Ente somit wertlos. Was mit ihr geschah, das wird nie ans Tageslicht kommen.

Quelle: Stammtischgespräch

Kindermund tut es kund

1989 und 1990 erlebten besonders die Menschen in der Sperrzone der DDR und die auf der anderen Seite lebenden Deutschen das Öffnen als „Wunder", das endlich in Erfüllung ging – ein einheitliches Land. Dabei ist zu sagen, dass viele vom Leben jenseits der „Mauer" keine Vorstellung hatten. Das erlebte auch die Familie Peggau aus Diesdorf, als sich zum Jahreswechsel 1990 die Mauer in Waddekath öffnete. Die Grenzsoldaten der DDR hatten eine Öffnung in die Sperre als Tor geschlagen, das zu Sylvester geöffnet wurde. Sofort strömten die Besucher aus Richtung Wittingen durch das Tor, wo die DDR-Bürger die Ankommenden begrüßten, unter ihnen auch Harald Peggau und seine Frau, die mit in der ersten Reihe standen.

Da hörten sie plötzlich eine Kinderstimme rufen: „Mutti, die sehen ja genauso aus wie wir!"

Quelle: Harald Peggau, Diesdorf

Der einmalige Besuch

Die Grenze war offen. Nun wollten wir auch mal unsere Verwandten im Westen besuchen. Die Besuche waren bis dahin nur einseitig durch den kleinen Grenzverkehr möglich. Aufwändig waren die Vorbereitungen für diese Treffen der Verwandten, kam doch zu Onkel und Tante aus dem Westen auch noch die Verwandtschaft aus dem Grenzgebiet dazu. Dorthin erhielt der Westbesuch keine Einreise.

Hühner schlachten, Klößchen drehen, nach Rouladen anstehen, Butterkuchen backen und Baumkuchen besorgen, man wollte sich nicht lumpen lassen. Zu Onkel und Tante aus dem Westen und Onkel und Tante aus dem Sperrgebiet kamen bald die Kinder, dann die Schwiegerkinder, dann die Kindeskinder. Die Familie wuchs, und der Kreis wurde immer größer, so dass bald eine zeitliche Einteilung notwendig wurde. Wer, wann, wo, wie lange – das Haus platzte aus allen Nähten. Hinterher war großes Ordnen, Abwaschen und ein Einräumen des besseren Geschirrs angesagt.

Ich denke, wir waren gute Gastgeber.

Onkel und Tante von drüben betonten immer wieder, wie leid es ihnen täte, dass wir nicht auch mal zu Besuch zu ihnen kommen könnten. Nun ergab sich endlich die Gelegenheit. So fuhren wir eines Tages los.

Wir klingelten erwartungsvoll. Die Tochter des Hauses öffnete die Tür, drehte sich um und rief ziemlich unfreundlich ins Haus: „Mama, komm mal, hier sind schon wieder welche aus dem Osten."

Wir haben uns auf dem Hacken umgedreht. Dabei blieb es.

Quelle: aufgeschrieben von Christel Kaufmann, Mellin

Museumsgeschichten

Glaube keiner Statistik, die du nicht selber gefälscht hast!

Besucherzahlen waren in den Augen der Verwaltung schon immer der Gradmesser für die Arbeitsweise und Wirksamkeit der Museen, wobei die tatsächlich dort geleistete Arbeit nicht immer wahrgenommen wurde.

So wusste um 1980 der Osterburger Museumsleiter von seinem Vorgänger zu berichten, dass dieser bei der Maidemonstration auf einem Wagen im Umzug ein Spinnrad mitgeführt hatte. Dies tat er mit der Absicht, es einer großen Menschenmenge zu zeigen. Diese ahnungslosen Osterburger im Umzug und am Straßenrand wurden nämlich auf diese Weise von ihm als Museumsbesucher gezählt. So verbesserte sich pfiffiger Weise flugs mal die Besucherstatistik des Hauses um mehr als 1.000 Personen, da sie ja das Museumsobjekt gesehen hatten. Durch dieses Husarenstück erhöhte sich die Besucherbilanz im Wettstreit mit den anderen Museen fast mühelos auf wundersame Weise.

Quelle: aufgeschrieben von Dr. Rosemarie Leineweber, Salzwedel

Sicher ist sicher

Jedes Museum nutzt zur sicheren Aufbewahrung seiner wertvollsten Objekte, solchen aus Edelmetall, seltenen Drucken, Urkunden, Münzen beispielsweise, einen abgesicherten Tresor, zu dem zumeist nur die Leitung des Hauses Zugang hat.

Eine der Brigadefeiern im Altmärkischen Museum stand an. Dafür waren in Jahren des Mangels die Beschaffung einiger Zutaten für das gemeinschaftliche Essen von langer Hand zu planen und rechtzeitig zu organisieren. Der Tag war gekommen, es wurde eingedeckt und vorbereitet, das Gehortete herbeigeholt. Alles war da, doch wo waren die ergatterten Gläser mit den Gewürzgurken nur geblieben??? Alle suchten mit, bis jemand den Museumsleiter Herrn Kohlmann befragte. Seine Antwort: „Ich habe sie sicherheitshalber im Tresor eingeschlossen, damit sich keiner von Ihnen (– er meinte uns Mitarbeiter –) zwischenzeitlich daran vergreifen konnte!"

Quelle: aufgeschrieben von Dr. Rosemarie Leineweber, Salzwedel

Wissbegierig

Seit rund 200 Jahren gibt es auf dem Mühlenberg in Zethlingen Ausgrabungen eines in den ersten nachchristlichen Jahrhunderten angelegten Urnengräberfeldes der Langobarden. Um das Leben dieser Menschen der heutigen Bevölkerung zu erklären, wurde dort nach der politischen Wende vom Johann-Friedrich-Danneil-Museum in Salzwedel die „Langobardenwerkstatt Zethlingen" geschaffen und auch betrieben. In dem archäologischen Freigelände mit rekonstruierten dörflichen Anlagen, die nach Ausgrabungsbefunden errichtet sind, ist es möglich, an entsprechenden museumspädagogischen Veranstaltungen teilzunehmen.

An den Werkstattwochenenden in der Langobardenwerkstatt Zethlingen tragen die dort agierenden Personen stets historisch nachempfundene germanische Tracht: die Frauen lange Kleidung, sogenannte Peplos-Kleider oder Kittel mit Röcken, die Männer knielange Kittel und lange Hosen, beim Befeuern der Öfen oder hohen Außentemperaturen nur die Kittel. Während der üblichen Führungen durch das Gelände wurde den interessierten Zuhörern die Lebensweise der Germanen vor etwa 2.000 Jahre nahegebracht, Essen und Trinken, Bauen und Wohnen usw. erläutert. Während der Ausführungen zur Kleidung an einem heißen Tag stürzte urplötzlich ein Besucher auf einen gerade an einem Ofen Holz nachlegenden Akteur zu und riss ihm den Kittel hoch mit der Frage: „Was trugen sie denn darunter?“ Die an dieser Stelle angetroffenen Shorts waren sicher eine Enttäuschung; für den entgeistert dreinschauenden und total verblüfften Mitarbeiter war es seine unfreiwillige, plötzliche Entblößung von fremder Hand ebenso.

Quelle: aufgeschrieben von Dr. Rosemarie Leineweber, Salzwedel

Metallurgen der Technischen Universität Freiberg an den Eisenschmelzöfen in „germanischen" Kitteln in Zethlingen 1991. Foto J.-F.-Danneil-Museum, R. Leineweber

Wieder mal nicht aufgepasst

An einem der ersten Werkstattwochenenden der Langobardenwerkstatt auf dem Zethlinger Mühlenberg wurde den Besuchern unter anderem auch die Funktionsweise der verschiedenen rekonstruierten Ofenanlagen aus der römischen Kaiserzeit erklärt. Vom Backofen kam schon der Duft frischen Brotes herüber, während die Salzwedeler Töpfermeisterin das Einsetzen der Gefäße in den Keramikbrennofen zeigte und deren Brand anhand des Ofens und des bereits gebrannten Geschirrs eingehend erläuterte. Im Anschluss befleißigten sich die am etwas entfernt stehenden Eisenschmelzofen tätigen Metallurgen von der Technischen Universität Freiberg, den Zuhörern den Prozess der Eisengewinnung aus Raseneisenerz und Holzkohle in diesem Ofen sowie die anschließende Verarbeitung zu Schmiedestücken allgemeinverständlich zu erklären, worauf ein Besucher die Eisenhüttenleute, auf deren Eisenschmelzofen zeigend, fragte: „Und wo kommen hier nun die Töpfe raus?"

Quelle: aufgeschrieben von Dr. Rosemarie Leineweber, Salzwedel

Kleider machen Leute

Der Museumleiter Peter Fischer war vom Danneil-Museum zum Freilichtmuseum Diesdorf gewechselt und sein Nachfolger noch nicht angestellt, sodass ich ihn vorübergehend vertrat. Außerdem gab es im Salzwedeler Museum gerade wieder einmal kein Reinigungspersonal. Folglich musste jeder von uns irgendwie mit anpacken, um das Haus in präsentablem Zustand zu erhalten. So war ich gerade dabei, im Treppenturm in Kittelschürze und mit Kopftuch die lange Wendeltreppe zu fegen und zu wischen, als ein Ehepaar das Museum betrat. Auf meine Frage, ob es sich die Ausstellung ansehen wollte, bemerkte es nur herablassend, dass es um etwas anderes ginge, dies aber nicht mit mir, sondern dem Museumsleiter besprechen wollte. Ich bat sie, einen Augenblick zu warten, um ihn zu holen. Im Büro tauschte ich fix die Arbeitssachen gegen die Alltagskleidung, worauf ich zu den beiden zurückkehrte, mich vorstellte und sie nach ihrem Anliegen befragte. Ziemlich perplex und verlegen brachten sie die Angelegenheit vor, an die ich mich heute nicht mehr erinnere, dafür aber umso besser an ihre verdutzten Gesichter.

Quelle: aufgeschrieben von Dr. Rosemarie Leineweber, Salzwedel

Erlebnisse bei den „Jungen Archäologen" und aus der Archäologie

Das „Skelettimprägniergerät" aus Berlin

Schon längere Zeit, bevor ich als Absolvent der Universität Rostock als Lehrer an die Schule nach Stöckheim kam, war ich ehrenamtlich als Bodendenkmalpfleger tätig. So lag es nahe, dass sich bald sieben Schüler fanden, mit denen ich eine Arbeitsgemeinschaft gründete, die sich mit der Ur- und Frühgeschichte unserer Heimat beschäftigte. Der Gründungstag wurde der 18. März 1972, der Geburtstag Johann Friedrich Danneils, an dem wir mit dem Museum in Salzwedel einen Patenschaftsvertrag abschlossen. Neben der Denkmalpflege der Großsteingräber sollten Flurbegehungen, Not- und Rettungsgrabungen und eine jährliche Ausgrabung mit einem Zeltlager vor Ort unternommen werden.

Bald entwickelte sich ein fester Ritus zur Aufnahme neuer Mitglieder, zwei oder drei „Fünfklässler". Immer kam ein besonderes Gerät mit der Post an, das von den Jungs sehr vorsichtig mit der Schubkarre abgeholt werden musste. Sie durften das Gerät auspacken und ausprobieren. Die Pakete waren aus altem Hausrat zusammengebastelt, und man hätte den Unfug bei genauem Hinsehen erkennen müssen. Da aber tagelang von den Spezialgeräten gesprochen wurde, ohne die die Ausgrabung nicht erfolgsreich sein könnte, glaubten alle Anfänger an ihre Echtheit. Je nach den Befunden bei der Grabung kamen ein Pfostenseismograph, ein Skeletheber, ein Perlenvideomakroskop, ein Böschungshobel, ein elektromagnetischer Metallograph und andere Spezialgeräte zum Einsatz. Alle freuten sich auf diesen Tag und wussten um den Spaß, bloß die Neulinge nicht – alle hielten dicht.

Wieder hatten die „Jungen Archäologen" ihr Ausgrabungslager in Osterwohle aufgebaut. Es sollten Körpergräber aus der Zeit Karls des Großen freigelegt werden. In den Überresten der Baum- und Kastensärge befanden sich sehr schlecht erhaltene Skelettteile, die beim Bergen oft zerbra-

Torsten Müller, genannt „Winzer", erläutert den Grabungsneulingen einen „Elektromagnetischen Metallographen", mit dem man angeblich Metallfunde im Boden entdecken konnte. Hartmut Kleier und Rene Schafe nutzten dazu eine alte Ackerwagennabe, Uwe Lasch hatte als Schaltpult eine Puppenstube umgehängt, und Karsten Bubke bediente zur Unterstützung einen Feuerlöscher, während ein kleines Kofferradio die nötigen Signale lieferte. Grabung Wallstawe-Tychow 1982, Foto Hartmut Bock

chen. So musste ein „Skelettimprägniergerät" helfen, das uns Dr. Görsdorf aus Berlin schicken sollte. Endlich benachrichtigte uns die Osterwohler Poststelle von der Ankunft des Paketes. Sofort fuhren die neuen Ausgräber mit der Karre zur Poststelle. Wir warteten auf ihre Rückkehr, darunter auch Dr. Thomas Weber und ein weiterer Archäologe aus Halle. Schon von Weitem sahen wir die Jungs vorsichtig fahrend und das Paket festhaltend zur Grabungsfläche kommen. Da sagte der junge Wissenschaftler plötzlich: „Wir können doch die Schüler nicht mit dem komplizierten Gerät arbeiten lassen. Das werde ich übernehmen."

Wir schauten uns alle an, und ich antwortete: „Die Jungs dürfen aber dabei mitmachen." Er stimmte zu.

Der Karton strotzte vor Aufklebern: „Vorsicht Glas", „Nicht werfen!", „Einschreiben", „Persönliche Auslieferung" u.a. Der Archäologe und die Schüler packten die Sendung aus. Was kam zum Vorschein? Ein Plastikausguss aus dem Chemieraum mit darunter montiertem Sieb. An den Ausguss, der noch oben zeigte, war ein Schlauch angeschlossen, der am Ende einen Trichter hatte. Hinzugefügt war eine Flasche mit trüber Flüssigkeit (Fitwasser), die in den Trichter zu gießen war – natürlich lag eine Arbeitsanweisung daneben.

Die Arbeit begann. Unter großer Freude der Zuschauer versuchte der Fachmann aus Halle, ein Skelett zu imprägnieren, was besonders bei Dr. Weber zu Lachsalven führte. Nach dem Einfüllen der Lösung lief alles seitlich heraus, und der Fachmann beschwerte sich laut: „Alles, was der Görsdorf aus Berlin liefert, taugt nichts und funktioniert nicht." Allmählich merkte er, mit welchen „Geräten" das Imprägnieren gelingen sollte und dass er einem Spaß aufgesessen war.

Freudig wurden die „Neuen", zu denen auch unser Hallenser gehörte, in die Grabungsgemeinschaft aufgenommen.

Quelle: Hartmut Bock, Jübar

„Eine letzte Frage habe ich noch ..."

Kurz nach der Wende besuchte uns auf der Ausgrabung in Osterwohle eine Gruppe von Landfrauen aus dem benachbarten Niedersachsen. Interessiert hörten sie meinen Ausführungen zu. Ich erklärte ihnen an Hand der freigelegten Gräber des 9. und 10. Jahrhunderts die Grabriten der bäuerlichen Bevölkerung zur Zeit der Karolinger, die ihre Toten in ausgehöhlten Baumstämmen, den sogenannten „Baum-

Christa Maria Herper bei einem Besuch der Jungen Archäologen Edgar Lahmann, Detlef Schulz, Diethelm Meyer und Dietmar Leusmann 1973 auf dem Weg durch ihre Heimatstadt Kalbe an der Milde, Foto Hartmut Bock (siehe auch Seite 56)

särgen", begruben. Nur sehr selten hatten sich die Menschen die Mühe gemacht, aus Brettern „Kastensärge" zu zimmern. Um das Umrollen der Baumsärge zu verhindern, hatte man auf der Grabsohle Steine unter den Stamm geschoben. Die Toten waren mit ihrer Leinenkleidung beigesetzt und mit Fibeln, Perlenketten aus Alexandrien, Nadelbüchsen, Gürtelschnallen, Messern und anderen Dinge ausgestattet. Nach dem Verfüllen der Grube, die oft in ovaler Form angelegt war, hatte man mitunter Steine in verschiedenen Varianten auf die Gräber gestellt, Vorgänger unserer heutigen Grabsteine, um ein bestimmtes Grab wiederzufinden.

Am Ende meiner Führung am Gräberfeld stellten mir die Landfrauen viele Fragen zum Leben und der Bestattung dieser sächsischen Bevölkerung. Als die Diskussion zu Ende ging und die Gruppe sich schon verabschieden wollte, sagte plötzlich eine Frau: „Herr Bock, eine letzte Frage habe ich noch. Aus welchem Material bestehen denn die Schädel?"

Quelle: Hartmut Bock, Jübar

Unser Pechvogel Uwe

Wenn sich alle Ausgräber am Morgen an der frisch gedeckten Frühstückstafel versammelt hatten, wurden die oft noch etwas warmen Brötchen serviert. Es war immer ein älterer Schüler, der bereits eine Fahrerlaubnis hatte, der die Brötchen und das Brot von einem Bäcker aus Dähre zu holen hatte. An der Tür der Backstube wurde die Ware übergeben, denn die Bezahlung erfolgte am Grabungsende.

In diesem Jahr war Uwe der „Brötchenholer", der auch das Bezahlen übernahm. Bei der Bäckerei angekommen, wurde er zum Abrechnen in den Laden gebeten. Forschen Schrittes erreichte er die Backstube, um von dort in den Laden zu gelangen. Aber ach, der Untergrund unter seinen Schuhen fühlte sich plötzlich sehr weich an. Er sah, dass seine Füße in einem frischen Apfelkuchen standen, den der Bäcker zur Abkühlung dorthin gestellt hatte.

Uwe bekam einen großen Schreck und fragte den Meister: „Soll ich hier stehenbleiben? Schneiden Sie den Kuchen um den Schuh heraus?" Die ärgerliche Antwort lautete: „Mach bloß, dass du fortkommst, sonst richtest du noch mehr Unheil an", denn auf dem Fußboden lagen noch weitere Bleche mit frisch gebackenem Kuchen. So bezahlte er schnell und versuchte, auf seinen rutschigen Schuhen vor die Tür zu kommen. Der Bäcker war großzügig und verzichtete auf den Schadensersatz, und wir bekamen am Frühstückstisch eine lustige Geschichte zu hören.

Quelle: Hartmut Bock, Jübar

Schnelles Taschengeld

Volkmar Lühmann war einer der Mitbegründer des Vereins der „Jungen Archäologen der Altmark e.V.". Damals – 1972 – nannten wir uns „Arbeitsgemeinschaft Junge Historiker". Zu dieser Zeit begannen wir mit unseren Ausgrabungen eines

Urnengräberfeldes in der Nähe von Ahlum. Die Fundstelle aus der Eisenzeit war entdeckt worden, als man für den neu angelegten Ahlumer See Kies für einen Badestrand abtragen ließ. Da die Bergung der Urnen im Februar erfolgte, wärmten wir uns zwischendurch in der Gaststätte auf. Im Krug saß auch Volkmars Vater. Als er seinen Sohn und uns dort Platz nehmen sah, rief er dem Wirt zu: „Hol mal ‘ne Runde Bier und Schluck für die Jungs." Der Gastwirt antwortete: „Jungs kriegen doch kein Schluck und Bier." – „Dann gib ihnen ‘ne Runde Bockwurst." So gestärkt arbeiteten wir weiter.

Volkmars Eltern waren zwei sehr nette Leute. Vor jeder Ausgrabung, wir waren damals Selbstversorger, freuten wir uns auf die schöne Erdbeermarmelade, die seine Mutter kochte.

Eines Tages, erzählte uns Volkmar, kam sein Vater vom Abendschoppen, setzte sich in den Sessel und schlief ein. Als sein Sohn in den Raum kam, wurde er durch das Geräusch im Halbschlaf geweckt und rief in die Stube: „Kuhlmann, zahlen!" Volkmar rief schnell: „20 Mark!" Sein Vater holte das Portemonnaie heraus, legte einen 20-Mark-Schein auf den Tisch und schlief weiter. Schnell nahm Volkmar das Geld und verließ die Wohnstube. Sein Taschengeld hatte damit einen erheblichen Zuwachs erhalten.

Quelle: Hartmut Bock, Jübar

Der fast verpasste Flug

In den Ferien 1990 führte uns die Vereinsfahrt der Jungen Archäologen nach Ungarn. Wir flogen mit dem Flugzeug von Berlin nach Budapest und mit dem Zug weiter nach Nyíregyháza, einer größeren Stadt im Osten von Ungarn. Der Umstand, dass wir nach der Währungsunion mit der auch in Ungarn begehrten D-Mark unterwegs waren, ermöglichte uns viele neue Gelegenheiten, so zum Beispiel die Nutzung von Taxis in der Stadt. Nach einigen interessanten und ereignisreichen Tagen in Nyíregyháza und Umgebung haben wir am letzten Abend den Taxifahrer, der uns zur Unterkunft fuhr, beauftragt, den Transport unserer Gruppe am folgenden Morgen zum Bahnhof zu organisieren. Das Geschäft wollte er aber alleine machen, und so fuhr er mehrmals die Strecke zum Bahnhof, sodass die letzte Fuhre gerade noch den Zug erreichte. So fing der Abreisetag aufregend an.

In Budapest angekommen, mussten wir mit dem Bus zum außerhalb gelegenen Flughafen fahren. Auf der Fahrt kamen wir am alten Flughafen von Budapest vorbei. Auf die Frage von Uwe Lasch, ob wir hier nicht aussteigen müssten, wurde ihm recht eindringlich erwidert, er könne ja aussteigen und dann mit dem Fallschirm über Berlin abspringen. Wir fuhren weiter zum neuen Flughafen, an dem wir vor ein paar Tagen angekommen waren. Am Abfertigungsschalter mit dem Ankunftsziel Berlin stellte sich heraus, dass unser Abflugflughafen ein anderer war. Laut unserer Buchung sollten wir vom alten Flughafen abfliegen, was niemand bemerkt hatte. Nun musste alles sehr schnell gehen. Unser Flug ging in wenigen Minuten. Alle eilten panisch zum Taxistand, und durch das Wedeln mit D-Mark Scheinen eilten die Taxis herbei und rasten Richtung altem Flughafen. Hier wurden wir durch telefonische Benachrichtigung schon erwartet und vom Personal vom Eingang bis zur Abfertigung geleitet. Am Ende fuhren wir mit Kleinbussen aufs Rollfeld, wo das Flugzeug auf uns wartete, stiegen auf einer herangerollten Leiter ein und flogen ab.

Hätten wir mal gleich auf Uwe gehört.

Quelle: aufgeschrieben von Heiko Meyer, Rohrberg

Mit Diesdorfer Bretterknaller zur Freundschaft

Bereits im Dezember 1989 wurden bei einem Besuch des Danneil-Museums in Salzwedel erste Kontakte zu den Archäologen im östlichen Nachbarkreis geknüpft. Ein Treffen in Jübar bei der AG „Junge Historiker“ mit dem Leiter Hartmut Bock wurde vereinbart.

Am 3. Februar 1990 war es dann soweit, einige Mitglieder der AG Gifhorn fuhren nach Jübar. Im Gasthof „Zur Linde“ wurden wir herzlich empfangen. Es gab viel zu erzählen und zu trinken. So lernten wir an diesem Tag auch den sogenannten „Diesdorfer Bretterknaller“ kennen. Warum er so heißt, konnte der eine oder andere von uns nachvollziehen. Der Obstwein war sehr lecker und süffig, der Gang zur Toilette über den Hof wurde immer beschwerlicher.

Der Besuch dauerte länger als geplant. Damit wir zu Hause keinen Ärger bekommen, hat uns der Wirt der Linde, Herr Schwieger, einen Entschuldigungszettel geschrieben: „Hiermit wird bestätigt, dass die Herren durch unseren Ausgrabungschef aufgehalten wurden.“

Gasthaus " ZUR LINDE"
Jübar

Hiermit wird bestätigt, daß die Herren durch unseren Ausgrabungschef aufgehalten wurden!

03.02.90 Schwieger

Kreisbodendenkmalpfleger Kreis Klötze (Altmark)

Entschuldigungsschreiben vom 3.2.1990, unterzeichnet vom Gastwirt Schwieger und dem Bodendenkmalpfleger Hartmut Bock

Der Abend klang im Wohnzimmer von Hartmut Bock aus. Ein tolles Erlebnis, zum Wein gab es Wurst in Gläsern, die er aus seinem Keller geholt hatte. Sehr lecker! Es war ziemlich spät, als wir uns auf den Heimweg machten. Jeder bekam noch eine Flasche Apfelwein mit auf den Weg. Einer von uns stellte die Flasche zu Hause in den Kühlschrank. Seine Frau fand sie am Morgen und freute sich auf einen Schluck „Apfelsaft“. Natürlich merkte sie schnell, dass hier Prozente im Spiel waren. Alkohol am Morgen gleich nach dem Aufstehen, nein, das ging natürlich gar nicht!

Quelle: aufgeschrieben von Heinz Gabriel, Gifhorn

Mehrlingsvati

Während des Studiums ging es auf Harzexkursion. Die in Zeiten der DDR Ur- und Frühgeschichte Studierenden bildeten zahlenmäßig nur sehr kleine Semestergruppen. In unserem Fall waren wir in Halle fünf und alles Studentinnen. Die zentrale Absolventenlenkung hatte genau diesen Bedarf errechnet.

So waren denn wir Fünf mit unserem Professor Friedrich Schlette, der die Exkursion leitete – er trug auch dann Schlips und Kragen – den Tag über auf bekannten Fundplätzen und auf Ausgrabungen unterwegs gewesen. Entsprechend sah auch unser Schuhwerk aus.

Doch bevor wir das Quartier aufsuchten, quälten uns Durst und Hunger. Allerdings gestaltete sich die Suche nach einer Gaststätte in Halberstadt schwierig. Schließlich landeten wir in einem Lokal, das neben Speisen und Getränken auch Tanz anbot. Mit Blick auf unsere Schuhe wies uns der die Gäste platzierende Mitarbeiter ab, als eine Kommilitonin meinte: „Ach, Herr Professor, dann müssen wir eben weitersuchen.“ Das Schlüsselwort „Professor“ war unser Türöffner. Allerdings bekamen wir auferlegt, wegen der Schuhe keinesfalls die Tanzfläche zu betreten und nach dem Essen wieder zu gehen. Das sollte kein Problem sein, denn unsere Gelüste gingen in eine völlig andere Richtung. Wir versprachen es und nahmen an einem großen runden Tisch Platz. Bereits während unseres Essens erschien die männliche Jugend Halberstadts, um die eine oder andere zum Tanzen aufzufordern. Brav lehnten wir immer wieder ab, als einer der Herren schließlich fragte: „Euer Vati erlaubt's wohl nicht?"

Quelle: aufgeschrieben von Dr. Rosemarie Leineweber, Salzwedel

Die Krux mit der Geophysik

Seit Jahren graben die Jungen Archäologen der Altmark im Sommer bei Rockenthin eine germanische Siedlung aus, die in den ersten Jahrhunderten n. Chr. bestanden hatte. Und jedes Jahr laden sie zu einer öffentlichen Führung ein, um über die Ergebnisse der Grabung zu berichten und ihre Funde zu zeigen.

Bei einer Führung zeigte und erklärte der Grabungsleiter den Besuchern an der Ausgrabungsfläche die freigelegten Häuser, Pfosten, Feuerstellen und Gruben. Die Besucher umstanden die untersuchte Fläche, die durch Stege in nebeneinanderliegende Abschnitte unterteilt war, wie in der Archäologie üblich.

Es wurde auf Nachfrage auch erklärt, dass die Fundstelle mit modernen geophysikalischen Methoden voruntersucht wurde und dabei auch die Größe der Siedlung und z. B. einige Häuser angezeigt wurden. Die Auswahl der jährlichen Grabungsflächen richtete sich dann nach diesen Ergebnissen, so auch in besagtem Jahr.

Ein neben mir stehender Besucher fragte den Ausgräber, wie denn diese einzelnen regelmäßigen viereckigen Flächen entstanden seien? Seine Begleiterin unterbrach ihn leise erklärend, dass das doch die Grabungsflächen wären. Doch er bedeutete ihr prompt, sie solle doch still sein und schnitt ihr das Wort ab. Dabei hatte sie die Peinlichkeit verhindern wollen, doch es war zu spät, denn er fuhr, an den Grabungsleiter gewandt, fort: „Ich meine doch, wie sind Sie denn zu diesen viereckigen Vertiefungen vor uns gekommen? Sind die vorher auch geophysikalisch gefunden worden?"

Quelle: aufgeschrieben von Dr. Rosemarie Leineweber, Salzwedel

Scherben bringen Glück – oder?

Der Barkas B 1000 des Fahrdienstes der Hallenser Uni stand mit Fahrer für die Fachexkursion der Studentinnen der Ur- und Frühgeschichte in die Tschechoslowakei bereit und wurde mit Gepäck für zwei Wochen samt Schlafsäcken usw. für die vorbestellten Übernachtungen beladen. Diesmal hatte Dr. Joachim Preuß die Exkursionsleitung.

Los gings über die Autobahn nach Süden. Das nächste Ziel hieß Bratislava. Doch plötzlich gab es einige Kilometer vor der Ankunft dort einen Schlag, und die Frontscheibe wurde zu Krakelee (= Netz aus Rissen) mit einem kleinen Loch in der Mitte. Schließlich fand sich eine Werkstatt, die eine Ersatzscheibe in ein bis zwei Wochen versprach. Natürlich schlug jetzt auch noch das Wetter um, es regnete. Wir hielten Kriegsrat, beschlossen daraufhin, abzubrechen und umzukehren. Das musste ohne Stopp geschehen, denn es waren für die frühere Rückreise keine Unterkünfte geordert.

Der Fahrer bekam von einer von uns eine etwas wind- und nässedichtere „West"-Jacke, der Beifahrer Dr. Preuß ein Kopftuch umgebunden, und wir Fünf verpackten uns so wetterfest wie nur möglich, die Person auf dem mittleren Sitzplatz in ihren fest zugezogenen Mumienschlafsack. Die Heimfahrt ohne Frontscheibe, aber bei kühlen Temperaturen und mit bisweilen starkem Regenschlag konnte beginnen. Trotz zügiger Fahrweise wurde es im Barkas mehr und mehr nass, jedoch hielten alle tapfer durch.

Erster längerer Halt war in der Nacht die tschechisch-deutsche Grenze. Wir hielten unsere Dokumente bereit, als uns der Grenzer wegen unserer ungewöhnlichen Aufmachung – Fahrer mit Kapuze und hochgeklapptem Kragen, Mann mit Kopftuch, zugebundener Schlafsack – äußerst kritisch zu fixieren begann. Nun kurbelte Dr. Preuß zudem auch nicht, wie befohlen, die Seitenscheibe runter, sondern reichte ihm die Pässe durch die offene Front hinaus, während der Grenzer wartend an der Seitentür stand. Er stutzte, starrte wie versteinert und kapierte nicht, was er sah. Es dauerte eine Weile, bis er die Situation begriffen hatte und uns kopfschüttelnd die Papiere zurückgab. Noch lange amüsierten wir uns über das entgeisterte Gesicht dieses Passkontrolleurs.

Quelle: aufgeschrieben von Dr. Rosemarie Leineweber, Salzwedel

Alles im Eimer

Seit Jahrzehnten unterstützen ehrenamtliche Bodendenkmalpfleger die Arbeit der Archäologen. Sie werden in Kursen des Landesamtes für Denkmalpflege und Archäologie – vor 1990 des Landesmuseums für Vorgeschichte – in Halle geschult und auf ihre archäologische Tätigkeit vorbereitet.

Mit einem ehemaligen Bodendenkmalpfleger fuhr ich Anfang der 1980er Jahre nach Dankensen, weil er an der Kiesgrubenkante Gräber mit Leichenbrand (verbrannte Knochen der Verstorbenen) entdeckt hatte und es Hinweise auf Raubgräber gab, was sich bestätigte. Es folgten eine archäologische Notbergung und eine Sommergrabung mit den „Jungen Archäologen der Altmark". Wir erwarteten Gräber mit Urnen aus Keramik oder allenfalls mit verrotteten Grabbehältnissen aus Stoff, Leder oder Holz, dazu Schmuckteile und Ausstattungsstücke für das Jenseits. Doch was war das? Wir stutzten. Bereits an der Oberfläche zeigten sich mehrere Gräber anhand ihrer seltsamen Urnen aus verbeulten Blecheimern oder solchen mit abgeplatzter Emaille. Sie waren über den ausgekippten Leichenbrand gestülpt worden. Diese bizarren „Eimergräber“ waren völlig unbekannt. Wir hatten keine neue und bislang unbekannte Bestattungskultur entdeckt, sondern waren einem Grabräuber auf die Schliche gekommen. Auf seiner Jagd nach den Urnen hatte er die Gefäße vor Ort geleert, diese und die Grabbeigaben an sich genommen. Aber um alles in der Welt, warum brachte er Eimer mit und stülpte sie über den zurückgelassenen Leichenbrand? Wurde ihm angesichts seiner „Schandtat“ und der Menschenknochen ein wenig mulmig, beschlichen ihn vielleicht Bedenken, die Toten könnten ihm den Frevel heimzahlen? Wie auch immer, zumindest mochte er die menschlichen Überreste nicht ungeschützt im Freien zurücklassen.

Quelle: aufgeschrieben von Dr. Rosemarie Leineweber, Salzwedel

Verrechnet

In der DDR waren Baumaßnahmen von besonders langer Hand vorzubereiten. Das bedeutete, eine Reihe von Genehmigungen einzuholen und das benötigte Baumaterial zu besorgen, was damals enorm aufwändig war und nicht immer glückte. Aus archäologischer Sicht bestand gesetzliche Melde- und Abgabepflicht der Funde. Größere Erdbewegungen waren rechtzeitig vorab anzumelden. Das betraf jedoch die beschriebene Maßnahme nicht.

Beim Ausheben einer Baugrube für einen Swimmingpool in den 1970er Jahren stieß ein Herr Schmidt aus einem Dorf nahe Arneburg auf Scherbenfunde und erwartete, nachdem er das Altmärkische Museum Stendal davon informiert hatte, dass die herbeigerufene Archäologin und ehrenamtlichen Bodendenkmalpfleger nun für ihn bei der Ausgrabung die Poolgrube weiterschachten. Seine Devise hieß: „Macht mal!“ Unterstützt von mehreren Bodendenkmalpflegern, so unter anderem Heinz Plagemann aus Tangermünde und Dietmar Ludwig aus Stendal, legten wir ein slawisches Grubenhaus frei und fanden darunter unerwartet ein weiteres, das wir ebenfalls untersuchten. Doch die anfängliche Freude des Bauherrn über den gesparten Kraftaufwand wurde jäh getrübt. Denn während der Notbergung der archäologischen Befunde waren mehr Kubikmeter Aushub herausgeholt, als erwartet und die ursprüngliche Poolplanung samt Baugrube in Abmessungen und Tiefe damit deutlich übertroffen worden. Herr Schmidt stellte sich nun die in DDR-Zeiten durchaus berechtigte Frage, wo er den zusätzlichen Zement für das jetzt größere Becken herbekommen sollte.

Quelle: aufgeschrieben von Dr. Rosemarie Leineweber, Salzwedel

(K)ein Licht aufgegangen

Seit einigen Jahrzehnten hat sich mit der Experimentellen Archäologie eine neue Forschungsdisziplin entwickelt. Dabei soll durch Experimente geprüft werden, ob die Archäologen verstanden haben, wie z.B. die Keramikbrennöfen oder andere Anlagen in früherer Zeit aufgebaut waren, wie sie funktionierten oder ob es anders gewesen sein muss.

Wir, d.h. Metallurgen der Technischen Universität Freiberg und ich, hatten damals einen rekonstruierten Eisenschmelzofen aufgebaut, wie er am Mühlenberg in Zethlingen ausgegraben wurde, und versuchten als Experiment, darin aus Raseneisenerz und Holzkohle Eisen zu gewinnen. Dabei waren zur Betreuung des Ofens unter freiem Himmel häufig Nachtschichten notwendig, die sich die beteiligten Metallurgen teilten, mich dabei seltener einbezogen. Nach Mitternacht begann es wie aus Kübeln zu gießen, die Lampe hatte den Geist aufgegeben, und in der Dunkelheit war nichts mehr zu erkennen. Ins Quartier im Dorf wurde um Hilfe geschickt, eine andere Taschenlampe oder sonstiges

Leuchtmittel zu holen. Rücksichtsvoll traute sich der Kurier nicht, mich zu wecken und suchte selbstständig – wobei ich längst die Person im Haus wahrgenommen hatte, die ja offensichtlich nichts von mir wollte. In strömendem Regen gings mit seinem „Fund" zurück zum weiter betriebenen und vor Nässe dampfenden Eisenschmelzofen, wo er als Nachtbeleuchtung – dem triefnassen diensthabenden Metallurgen entglitten die Gesichtszüge – kleinlaut, nur weil er mich nicht wecken wollte, *vier Teelichte* präsentierte.

Quelle: aufgeschrieben von Dr. Rosemarie Leineweber, Salzwedel

Äußerst seltene Hilfe

An einem sehr kühlen Frühjahrsmorgen finden Fotoaufnahmen des archäologischen Experiments „Verbrennung auf dem Scheiterhaufen" statt, die eine Rekonstruktion der Aufbahrung einer verstorbenen Person vor Einäscherung zeigen sollen. Als Beispiel einer weiblichen Leiche in historischer kaiserzeitlicher Tracht und mit der entsprechenden Ausstattung für das Jen-

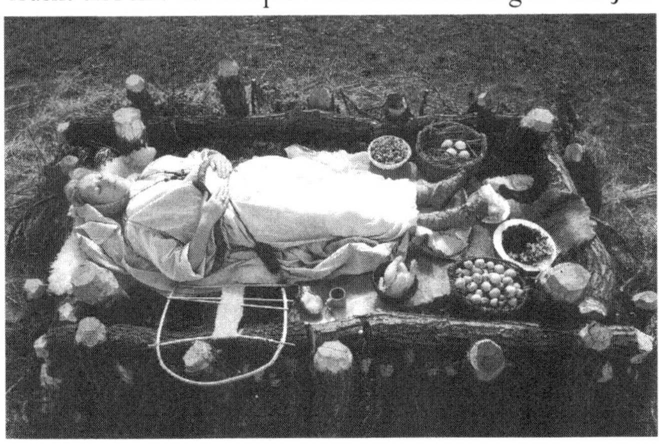

Aufbahrung einer verstorbenen Germanin vor der Einäscherung auf dem Scheiterhaufen, 2001 nachgestellt mit Dr. Rosemarie Leineweber als Tote, Foto Landesamt für Denkmalpflege und Archäologie Sachsen-Anhalt, Andrea Hörentrup.

seits werde ich auf dem zuvor errichteten Scheiterhaufen drapiert und zu Ende der Fotoreihe sogar noch mit weiterem Holz überdeckt. Bis alle Aufnahmen im Kasten sind, dauert es erwartungsgemäß eine ganze Weile. Etwas steif vor Kälte, dem langen und verständlicherweise unbequemen Liegen bemühe ich mich, das Podest zu verlassen, als ich neben einer gereichten Hand eine freundliche Stimme vernehme: „Frau Leineweber, darf ich Ihnen jetzt vom Scheiterhaufen wieder runter helfen" – sicher ein selten gesprochener Satz, und welch ein Glück, keiner hatte gezündelt!

Quelle: aufgeschrieben von Dr. Rosemarie Leineweber, Salzwedel

Totgesagte leben länger

Erklärend ist voranzustellen, dass ich früher Worbs hieß und mich viele, darunter auch ausländische Fachkolleginnen und -kollegen, bereits in dieser Zeit kannten.

Am Rand einer internationalen Tagung Anfang der 1990er Jahre bei Vorstellung im Kollegenkreis fragte mich ein ausländischer Kollege, ob ich wüsste, was aus der Frau Worbs geworden sei, die vor Jahren eine Veröffentlichung über das Gräberfeld Zethlingen verfasst, man aber seither nichts mehr von ihr gehört hätte und fuhr, ohne meine Antwort abzuwarten, sogleich fort: „Sie war sicher schon sehr alt." Unterbrochen durch Reaktionen einer danebensitzenden polnischen Archäologin sprach der Kollege unbeirrt zuerst diese Nachbarin an: „Was trittst du mich denn immerzu?", um ohne Pause den Satz anzufügen: „Ach, sie ist sicher schon lange tot!" Erstarrte Mienen und betretenes Schweigen ringsum. Bemüht, nicht laut loszulachen, blieb mir nur übrig, mit unschuldiger Miene zu bestätigen, auch nichts Neues von Frau Worbs zu wissen, worauf sich die Situation merklich entspannte.

Quelle: aufgeschrieben von Dr. Rosemarie Leineweber, Salzwedel

Geschichten von anderswo

Gefangen auf dem Regenstein

Ich war mit Christian Friedrichs einige Tage in Wernigerode, um dort im Landesarchiv Akten des ehemaligen Domänenamtes Diesdorf einzusehen und zu kopieren. Die Schrift war schlecht zu lesen, und die Arbeit erforderte eine gute Konzentration. Deshalb planten wir nach der Arbeit, uns etwas zu erholen und der Burgruine Regenstein einen Besuch abzustatten. Es war schon später Nachmittag, als wir dort eintrafen. Nun schnell zur Kasse, bezahlen und zur Besichtigung starten. Führung war zu dieser Zeit nicht mehr möglich. So streiften wir allein durch die in den Sandstein gehauenen Gemächer und Räume und genossen den schönen Ausblick in die Umgebung der Burg. Das geschah leider, ohne auf die Uhr zu schauen, deren Zeiger die „6" und damit den Zeitpunkt der Schließung der Burg längst überschritten hatte. Wir eilten zum Eingangstor, das den Burgkomplex verschloss und merkten, dass wir Gefangene waren – man hatte uns vergessen. Sofort versuchten wir, irgendeine Stelle zu finden, die uns den Weg nach draußen ermöglichte. Es führten nur steile Abhänge in die Tiefe, die die Einnahme der ehemaligen Ritterburg fast unmöglich gemacht hatten.

Nun musste Hilfe her, wenn wir nicht in Gefangenschaft übernachten wollten. Christian suchte sein Handy – leider vergebens, denn es lag in seinem Auto. Was half es, er musste sich bemühen, über das große Eisentor zu steigen, was ihm auch gelang. Ich harrte im Burghof aus. Durch den Anruf konnte die Polizei den Burgführer in Blankenburg erreichen, der versprach, uns zu befreien.

Nach einer Stunde des Wartens traf der freundliche Herr ein, der uns sogar noch einmal den Regenstein mit seiner Burg ausführlich zeigte. So nahm der aufregende Tag ein gutes Ende, und wir konnten bei einem gemütlichen Abendessen noch einmal über unsere Gefangenschaft auf dem Regenstein nachdenken.

Quelle: Hartmut Bock, Jübar

Hartmut Bock 2005 gefangen auf dem Regenstein, Foto Christian Friedrichs

Die Macht des Geldes

Es war in der Zeit meines Studiums an der Universität Rostock, als ich als „armer Student" erfuhr, welche Macht das Geld hat, wenn man genügend davon besitzt, aber wohin auch seine Gier, es in Besitz zu bekommen, führen kann.

Ich saß mit einigen Kommilitonen in der Gaststätte des Centrum-Warenhauses, um dort in einer Vorlesungspause ein Brötchen zu essen und eine Tasse Brühe zu trinken. Beides war für eine Mark zu erhalten. Da trat plötzlich ein junger Mann in unserm Alter an unseren Tisch, der reichlich eingekauft hatte und mit vielen Taschen beladen war. Es stellte sich bald heraus, dass es ein Schulfreund meines Kommilitonen war. Er erzählte uns, dass er als Schiffselektriker mehrere Monate auf Seefahrt gewesen wäre und nun seinen Lohn erhalten hätte. Dabei öffnete er seine Brieftasche, die von vielen Geldscheinen übervoll war. Kurzerhand lud er uns zu einem Frühschoppen in das Stadtrestaurant, das teuerste Lokal in Rostock, ein. Diese Einladung schlugen wir nicht aus und gingen anstatt zur Vorlesung dorthin.

Nach reichlichem Bier und geistigen Getränken wurden die Speisen bestellt wie Froschschenkel und Schnecken etc. Gegen 14 Uhr war jedoch eine Vorlesung angesagt, die wir nicht versäumen wollten. Unser Freund wollte mitkommen, setzte sich im Hörsaal unter die hübschen Studentinnen und begann, mit denen seinen Spaß zu machen, bis ihn der Professor des Raumes verwies , wobei er uns zurief: „Wir treffen uns heute Abend auf Zimmer 231 im Interhotel."

Pünktlich waren wir seiner Einladung gefolgt. Unser Freund lag auf seinem Bett, neben ihm ein Sektkühler mit einer Champagnerflasche und einer Flasche Hennessy. Beides war halb geleert. Daneben stand eine Kristallschale mit Eis und Kaviar, in die er beim beim Herausspringen aus seinem Bett hineintrat und alles durch die Gegend spritzte. Nachdem wir etwas getrunken hatten, ging es wieder in das Stadtrestaurant zum Abendessen. Wieder durften wir viele Köstlichkeiten genießen, die vorher noch nie auf unseren Speisezetteln gestanden hatten. Anschließend lud uns der Seefahrer in die Bar des Hotels ein, deren Eingang streng bewacht wurde. Es hieß: „Die Plätze in der Bar sind alle vorbestellt.“ Daraufhin sagte der Seemann: „Opa, quatsch nicht, hier hast du zwanzig Mark!“ Und schon wurden wir höflichst in die Bar gebeten, in der noch viele freie Plätze auf Gäste warteten. Nachdem noch einige Studentinnen unserer Seminargruppe eingeladen wurden, begann die Party bei teuersten Getränken, Speisen und Besuchen an der Hausbar und dauerte bis gegen 4 Uhr. Wir wurden nur noch von dem Oberkellner bedient, der uns auch die Taxis bestellte und natürlich die Rechnung von fast 2.000 Mark kassierte.

Wir verabschiedeten uns von dem spendablen Freund, der am nächsten Tag seine Heimfahrt nach Neubrandenburg antreten wollte.

Inzwischen vergingen einige Monate, und wir dachten nicht mehr an dieses Ereignis, bis eines Morgens ein Volkspolizist an die Tür unseres Zimmers im Studentenwohnheim klopfte und uns seltsame Fragen stellte, die wir nicht beantworten konnten. Dabei stellte sich für uns etwas Unfassbares heraus. Der angebliche „Seemann” war nie zur See gefahren, sondern lebte als Elektriker und Musiker in Neubrandenburg. Da hatte er mit seiner Kapelle im Hotel „Vier Tore“ zum Wochenende aufgespielt, sich nach Ende der Veranstaltung dort einschließen lassen, den Geldtresor geknackt und das Geld gestohlen, das wir später mit ihm gemeinsam verprassten.

Es folgte eine Gerichtsverhandlung, in der keiner von uns als Zeuge auftreten wollte, so wurde gelost. Mich traf es nicht. Das Gericht legte eine Strafe von dreieinhalb Jahren Gefängnis fest. Während dieser Zeit hatte er die Summe des gestohlenen Geldes zu erarbeiten, das dann dem Hotel zurückgezahlt wurde.

Quelle: Hartmut Bock, Jübar

Hartmut Bock (*1944 Hanum) studierte von 1961 bis 1964 Museologie an der Fachschule Weißenfels sowie von 1967 bis 1971 Geschichte und Deutsch an der Universität Rostock. Anschließend erhielt er an der Johann-Friedrich-Danneil-Schule in Stöckheim eine Anstellung als Deutsch-und Geschichtslehrer. 1985 zum Oberlehrer ernannt, wechselte er 1990 an die Oberschule nach Jübar, wo er bis zum Erreichen des Rentenalters tätig war.

Hartmut Bock ist seit 1972 als ehrenamtlicher Bodendenkmalpfleger tätig und gründete im selben Jahr die Arbeitsgemeinschaft „Junge Historiker" (ab 1992 Junge Archäologen der Altmark e. V.), mit der er zahlreiche Ausgrabungen in der Altmark vornahm.

Von 1986 bis 1990 war er berufenes Mitglied im wissenschaftlichen Beirat für Bodendenkmalpflege beim Ministerium für Hoch-und Fachschulwesen.

Durch seine archäologischen, historischen und volkskundlichen Forschungen und Veröffentlichungen erlangte er überregionale Bekanntheit und Anerkennung.

Für sein Engagement wurde er vielfach geehrt. So wurden ihm 1990 die Leibniz-Medaille der Akademie der Wissenschaften Berlin und 2014 das Bundesverdienstkreuz am Bande verliehen.

Inhalt

Bibliografische Information der Deutschen Nationalbibliothek:
Die Deutsche Nationalbibliothek verzeichnet diese Publikation in der Deutschen Nationalbibliografie; detaillierte bibliografische Daten sind im Internet über http://dnb.d-nb.de abrufbar.

Friedrichstraße 15a, 39387 Oschersleben
Telefon 03949 4396
www.dr-ziethen-verlag.de
email: info@dr-ziethen-verlag.de
2. Auflage 2025

Mitglied im Börsenverein des Deutschen Buchhandels

Satz & Layout dr. ziethen verlag
Satz mit QuarkXPress auf Macintosh
Schrift: Perpetua, FoundrySans
Lektorat: Dr. Rosemarie Leineweber
Fotografie Hartmut Bock Umschlag: Charlotte Bock (†) Jübar
Printed in EU

ISBN 978-3-86289-211-2